आश्ना

कविता, शायरी, ग़ज़ल...

श्रीराज मेनन

क्रम-सूची

क्रम-सूची

क्रम-सूची

क्रम-सूची

क्रम-सूची

भूमिका

पुस्तक में लेखक द्वारा लिखित हिंदी कविताएँ और शायरी शामिल हैं। इसमें कविताएं, शायरी और प्रेरणादायक उद्धरण शामिल हैं।

इस पुस्तक में लेखक द्वारा लिखी गई कुछ कविताएँ और शायरियाँ हैं जो प्रेम, प्रकृति और जीवन के सामान्य दैनिक पहलुओं पर आधारित हैं। कुछ प्रेरक प्रसंग भी हैं। प्यार में पाया गया प्यार, खोया हुआ प्यार और फिर से जगा हुआ प्यार शामिल है। इसी तरह, प्रकृति में प्रकृति का महत्व है और लोग बिना किसी दुष्प्रभाव के प्रकृति का अपने फायदे के लिए दुरुपयोग करते हैं। सामान्य में जीवन के सामान्य पहलू होते हैं जो लोगों और परिवेश के साथ चलते हैं।

पावती (स्वीकृति)

मैं अपने उन दोस्तों को धन्यवाद देना चाहता हूं जिन्होंने मुझे कविताएं और शायरी लिखने के लिए प्रेरित किया, जिसे मैं कहता था और भूल जाता था। मैं Your Quote प्लेटफॉर्म और उसके सभी सदस्यों और समूहों को भी धन्यवाद देना चाहता हूं जिन्होंने मुझे अनुमति दी और मुझे इसके मंच पर अपनी सामग्री लिखने के लिए प्रेरित किया। मैं नोशन प्रेस और उसके सभी सदस्यों को भी धन्यवाद देना चाहता हूं जिन्होंने मुझे अपनी सामग्री को अपने मंच और समय-समय पर मार्गदर्शन के माध्यम से प्रकाशित करने की अनुमति दी, जो उन्होंने मुझे मेरी त्रुटियों को ठीक करने के लिए दिया।

1. आज नयन आते क्यों

//आज नयन आते क्यों भर भर?//

आज नयन आते क्यों भर भर
यूँ याद तुम आते क्यों बार बार

क्यों रहते हो तुम मुझसे इतने दूर
क्यों करते हो तुम इश्क़ में मजबूर

आजाओ सहा नहीं जाती जुदाई
और न तमसे सह पाती हूँ ये दूरी

फासले यह कम हो यह दुआ है
तुम मेरे पास हो यह अरमान है

– Raj

ek Gulnaar

@tanhardatein

2. उम्मीद

उम्मीद

आशा की किरण जलता हैं जलते ही रहने दो
नाकाम हो गए तुम तो भी कोशिश में लगे रहो

हासिल होगा सबकुछ तुम्हें हौसला बुलंद करो
नया सवेरा खिल जाएगा इसी उम्मीद पर रहो

— Raj

3. अजनबी ख़्वाहिशें

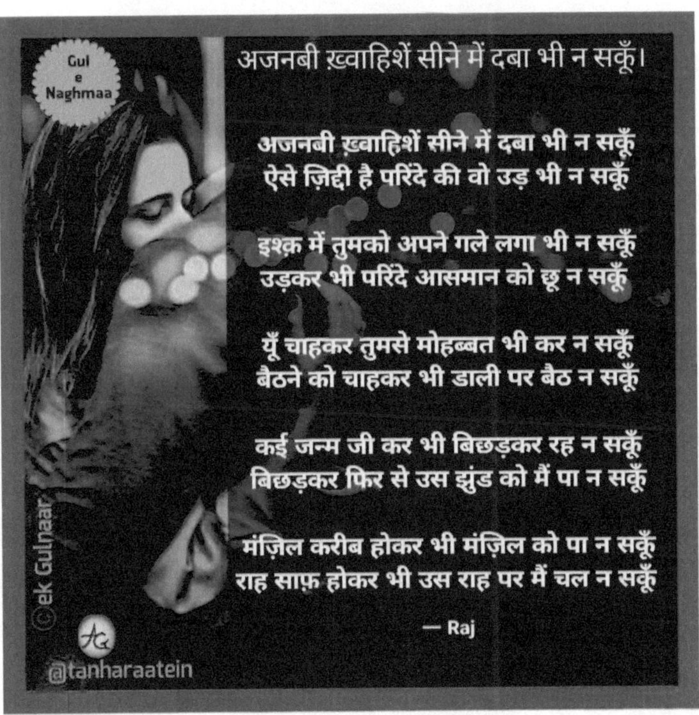

Gul e Naghmaa
अजनबी ख़्वाहिशें सीने में दबा भी न सकूँ।

अजनबी ख़्वाहिशें सीने में दबा भी न सकूँ
ऐसे ज़िद्दी है परिंदे की वो उड़ भी न सकूँ

इश्क़ में तुमको अपने गले लगा भी न सकूँ
उड़कर भी परिंदे आसमान को छू न सकूँ

यूँ चाहकर तुमसे मोहब्बत भी कर न सकूँ
बैठने को चाहकर भी डाली पर बैठ न सकूँ

कई जन्म जी कर भी बिछड़कर रह न सकूँ
बिछड़कर फिर से उस झुंड को मैं पा न सकूँ

मंज़िल करीब होकर भी मंज़िल को पा न सकूँ
राह साफ़ होकर भी उस राह पर मैं चल न सकूँ

— Raj

©ek Gulnaar
@tanharaatein

4. बेमोल

बेमोल
अनमोल था मोहब्बत किसी में कभी
बिक गया ज़माना और बेमोल हैं अभी

वक़्त के तराजू में यूँ तोलता गया सभी
खाली हुआ खज़ाना जब लूट गया तभी

— Raj

5. मुकद्दर

मुकद्दर

बात इश्क़ की है जनाब ऐसा भी कहाँ मुकद्दर अपना
कोई मिल जाए राह में और दिखा जाए मीठा सपना

किया था मोहब्बत पर वो नहीं समझ पाए दिल मेरा
तड़पता रह गया ये दिवाना तन्हाई में एकदम अकेला

— Raj

6. बेबस

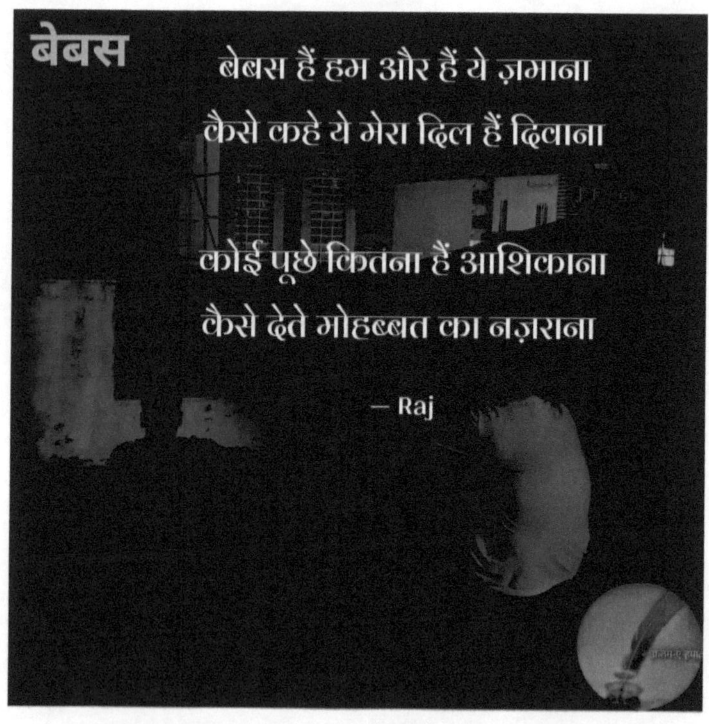

बेबस

बेबस हैं हम और हैं ये ज़माना

कैसे कहे ये मेरा दिल हैं दिवाना

कोई पूछे कितना हैं आशिकाना

कैसे देते मोहब्बत का नज़राना

— Raj

7. गुनाह

गुनाह

बेपनाह मोहब्बत करके इस क़दर गुनाह कर दिया
यूँही इलज़ाम लगाकर मुझें सरेआम बदनाम कर गया

काश मोहब्बत किया नहीं होता कभी इस ज़माने में
तन-मन और रूह को सुकून सा ज़िन्दगी दिया होता

— Raj

8. संदेश

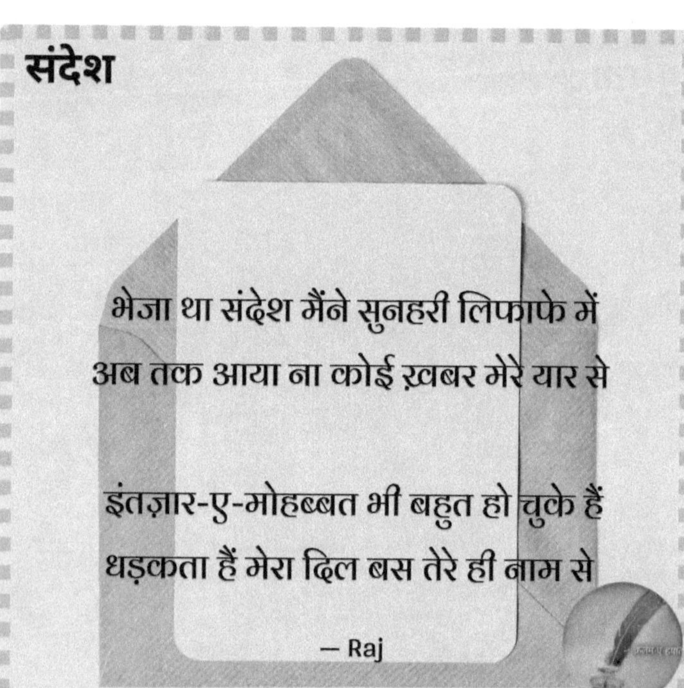

संदेश
भेजा था संदेश मैंने सुनहरी लिफ़ाफे में
अब तक आया ना कोई ख़बर मेरे यार से

इंतज़ार-ए-मोहब्बत भी बहुत हो चुके हैं
धड़कता हैं मेरा दिल बस तेरे ही नाम से

— Raj

9. मंज़र

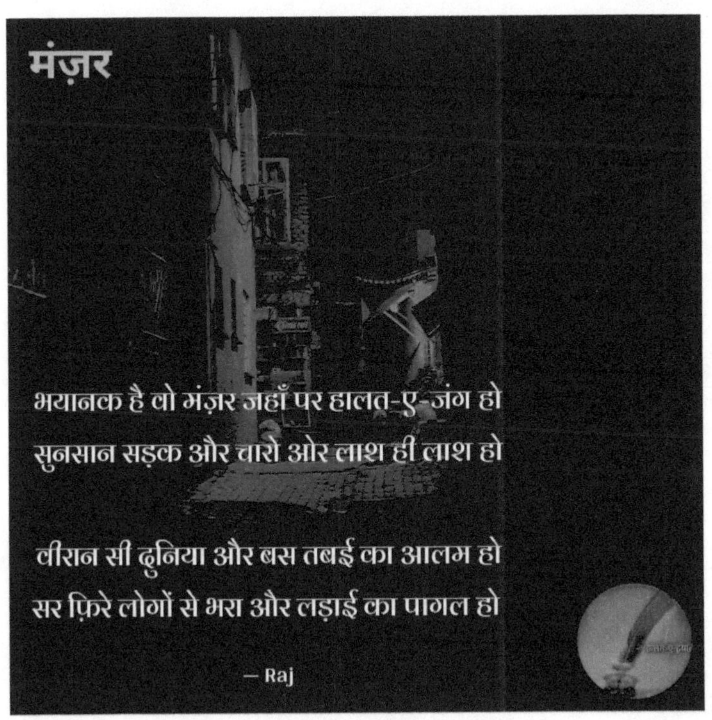

मंज़र

भयानक है वो मंज़र जहाँ पर हालत-ए-जंग हो
सुनसान सड़क और चारो ओर लाश ही लाश हो

वीरान सी दुनिया और बस तबाई का आलम हो
सर फिरे लोगों से भरा और लड़ाई का पागल हो

— Raj

10. रिमझिम

रिमझिम

बरसा रे मेघा और आया बारिश का महीना

रिमझिम गिरे पानी और ये तन मन हैं भीगा

प्यार का मौसम हैं और मैं हूँ बिलकुल तन्हा

कोई साथी नहीं हैं जिसे बरसों से मैं ढूंढ रहा

— Raj

11. आसमां से गिरे

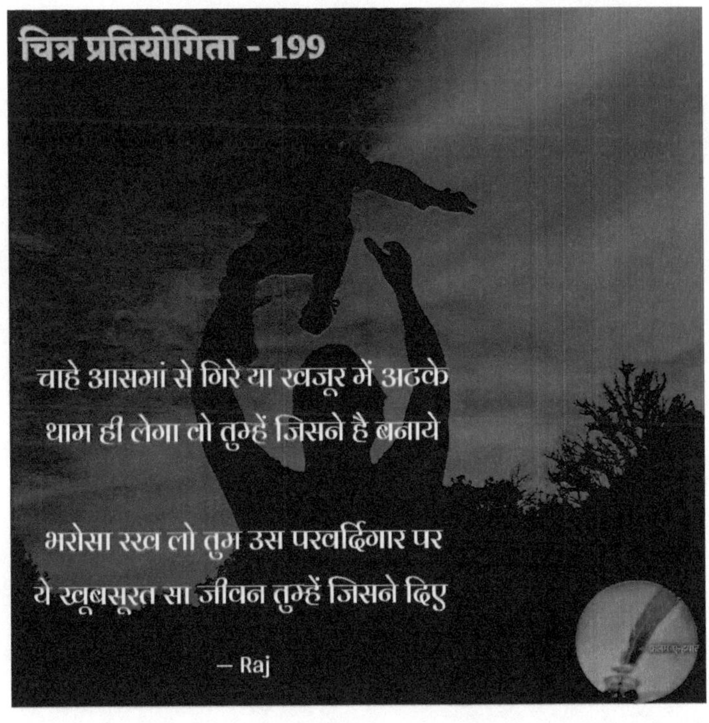

चित्र प्रतियोगिता - 199

चाहे आसमां से गिरे या खजूर में अटके

थाम ही लेगा वो तुम्हें जिसने है बनाये

भरोसा रख लो तुम उस परवर्दिगार पर

ये खूबसूरत सा जीवन तुम्हें जिसने दिए

— Raj

12. छुट गया सब लोग

छूट गए सब लोग पुराने।

छूट गए वो सपने सारे
छूट गए सब लोग पुराने

छूट गए वो अरमान सारे
छूट गए वो संसार हमारे

पाया कुछ भी नहीं दीवाने
बस हो गए वो दिन पुराने

अब आस है कुछ नया पाए
भूल जाए वो दिन पुराने

— Raj

@tanharaatein

KAVYA
VIVIDHAA

13. सुबह-शाम

सुबह-शाम

डूबा रहता हूँ किसी के प्यार में सुबह-शाम
ख़्वाब में अक्सर लेता हूँ सिर्फ़ उसका नाम

दिल में मेरे इस क़दर किया हैं उसने मक़ाम
और इश्क़ की गली में बस मैं हुआ बदनाम

— Raj

14. व्यथित

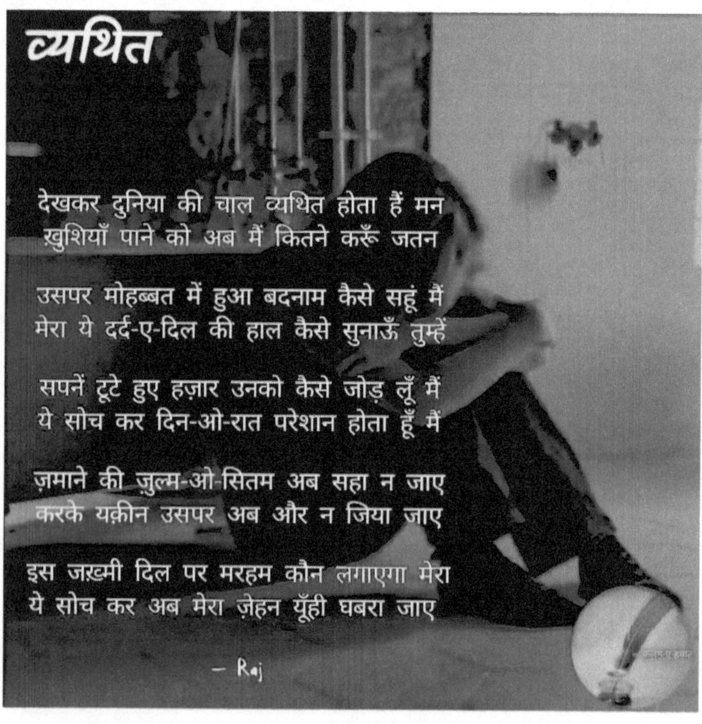

व्यथित

देखकर दुनिया की चाल व्यथित होता हैं मन
ख़ुशियाँ पाने को अब मैं कितने करूँ जतन

उसपर मोहब्बत में हुआ बदनाम कैसे सहूं मैं
मेरा ये दर्द-ए-दिल की हाल कैसे सुनाऊँ तुम्हें

सपनें टूटे हुए हज़ार उनको कैसे जोड़ लूँ मैं
ये सोच कर दिन-ओ-रात परेशान होता हूँ मैं

ज़माने की जुल्म-ओ सितम अब सहा न जाए
करके यक़ीन उसपर अब और न जिया जाए

इस जख़्मी दिल पर मरहम कौन लगाएगा मेरा
ये सोच कर अब मेरा ज़ेहन यूँही घबरा जाए

— Raj

15. ध्यान से बढ़कर

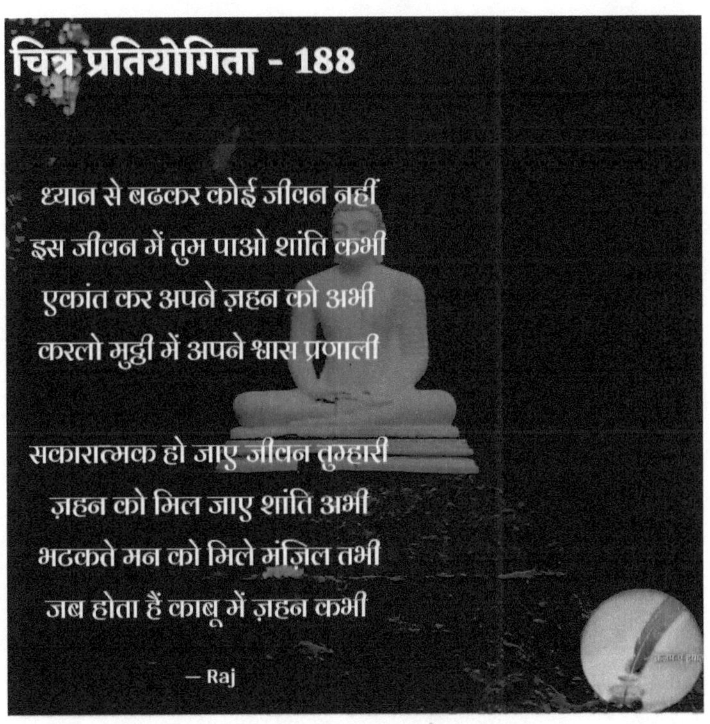

चित्र प्रतियोगिता - 188

ध्यान से बढ़कर कोई जीवन नहीं

इस जीवन में तुम पाओ शांति कभी

एकांत कर अपने ज़हन को अभी

करलो मुट्ठी में अपने श्वास प्रणाली

सकारात्मक हो जाए जीवन तुम्हारी

ज़हन को मिल जाए शांति अभी

भटकते मन को मिले मंज़िल तभी

जब होता हैं काबू में ज़हन कभी

— Raj

16. बेताबी

बेताबी

इस दिल की बेताबी दिखलाऊ भी तो किसे
मोहब्बत की राह में दिल लुटाऊ भी किसे

कोई तो होता जो इस दिल को समझ लेता
अपनी उस इश्क़ में डूबाकर मुझें मार देता

— Raj

17. सुलग उठती है

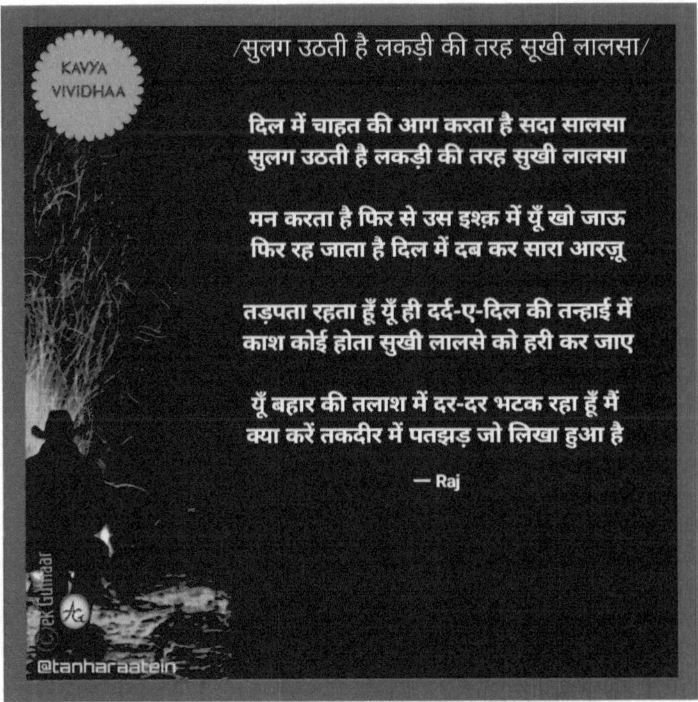

KAVYA VIVIDHAA
/सुलग उठती है लकड़ी की तरह सूखी लालसा/
दिल में चाहत की आग करता है सदा सालसा
सुलग उठती है लकड़ी की तरह सुखी लालसा

मन करता है फिर से उस इश्क़ में यूँ खो जाऊ
फिर रह जाता है दिल में दब कर सारा आरज़ू

तड़पता रहता हूँ यूँ ही दर्द-ए-दिल की तन्हाई में
काश कोई होता सुखी लालसे को हरी कर जाए

यूँ बहार की तलाश में दर-दर भटक रहा हूँ मैं
क्या करें तकदीर में पतझड़ जो लिखा हुआ है

— Raj
@tanharaatein

18. बसर होती नहीं

बसर होती नहीं

इस दिल में किसी और का असर होती नहीं
गो-मुहब्बत किए बिना अब तो बसर होती नहीं

पा लू तुम्हें जीवन भर अब सिर्फ़ ख़्वाहिश रही
मैं क्या करूँ इश्क़ तुम्हें सर-बसर होती नहीं

मैं चाहता हूँ और यूँही चाहता रहूँगा तुम्हें यहीं
क्या करूँ तुमसे मिलन का अवसर होती नहीं

दर्द से भरा दिल चाहता रहा ख़ुशियाँ मिले कहीं
पर क्या करूँ मौका-ए-ख़ुशी अक्सर होती नहीं

थड़कता हैं मेरा दिल जब भी देख लूँ तुम्हें कहीं
ये दिल हैं मेरा और इश्क़ में ये ऊसर होती नहीं

शब-ए-महताब में याद तेरी अक्सर आती रही
ख़्याल में बस तुम हो इश्क़ बेअसर होती नहीं

— Raj

19. तुम प्रणय कुंज

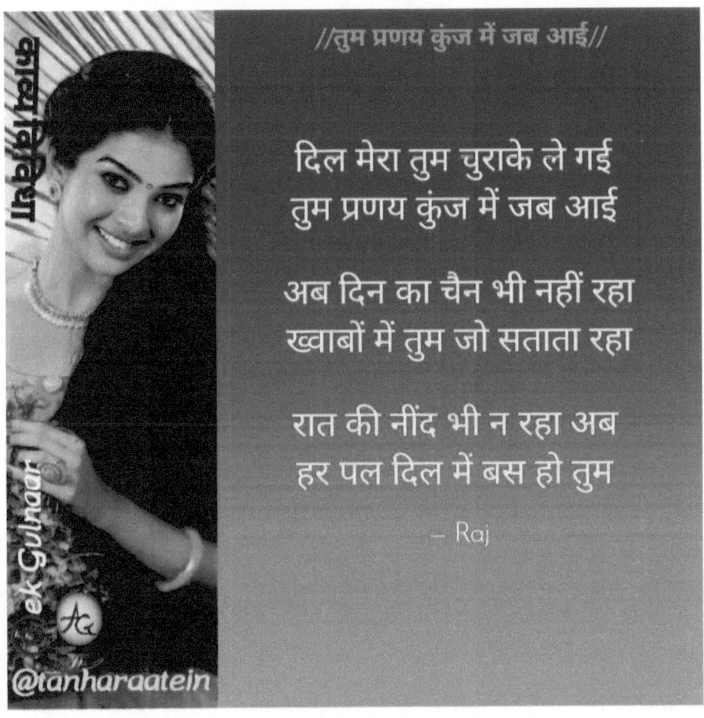

काव्यविधा
ek Gulnaar
@tanharaatein
//तुम प्रणय कुंज में जब आई//

दिल मेरा तुम चुराके ले गई
तुम प्रणय कुंज में जब आई

अब दिन का चैन भी नहीं रहा
ख्वाबों में तुम जो सताता रहा

रात की नींद भी न रहा अब
हर पल दिल में बस हो तुम

– Raj

20. दोस्तों से बढ़कर

चित्र प्रतियोगिता - 189
दोस्तों से बढ़कर कोई साथी नहीं
दोस्ती से बढ़कर कोई रिश्ता नहीं
इस दुनिया मे यारों तुम्हारे बगैर
बस मेरी और कोई ज़िन्दगी नहीं

मुश्किल घड़ी या हो ख़ुशियाँ मेरी
तुमसे ही होता हैं ये सुरुहात मेरी
जब से आया हूँ इस धरती पर मैं
दोस्तों से ही बना हैं ये जीवन मेरी

— Raj

21. सुनाया नहीं करते

...सुनाया नहीं करते

दर्द-ए-दिल की बात कभी भी सुनाया नहीं करते
मोहब्बत हो न हो पर नफ़रत निभाया नहीं करते

दिल से दिल मिल जाए तो बात इश्क़ की हो जाए
तुमसे मिली नज़र पर वो नज़र चुराया नहीं करते

तेरा आशिक़ हूँ मैं, कहीं मेरी जान न निकल जाए
ऐसी मोहब्बत मिल जाए के ठुकराया नहीं करते

दिल में बसाया तुमको अपना सब कुछ मानकर
इस दिल को पराया समझकर शरमाया नहीं करते

शब-ए-वस्ल की राह में ये वक़्त गुज़रता चला गया
मेरे दिल को तड़पाकर यूँही मुस्कुराया नहीं करते

अनगिनत मोती होते हैं आँसू में जब वो बहते हैं
राजू वो क़ीमती चीज़ हैं पर उसे गिराया नहीं करते

Raj

22. चुभन

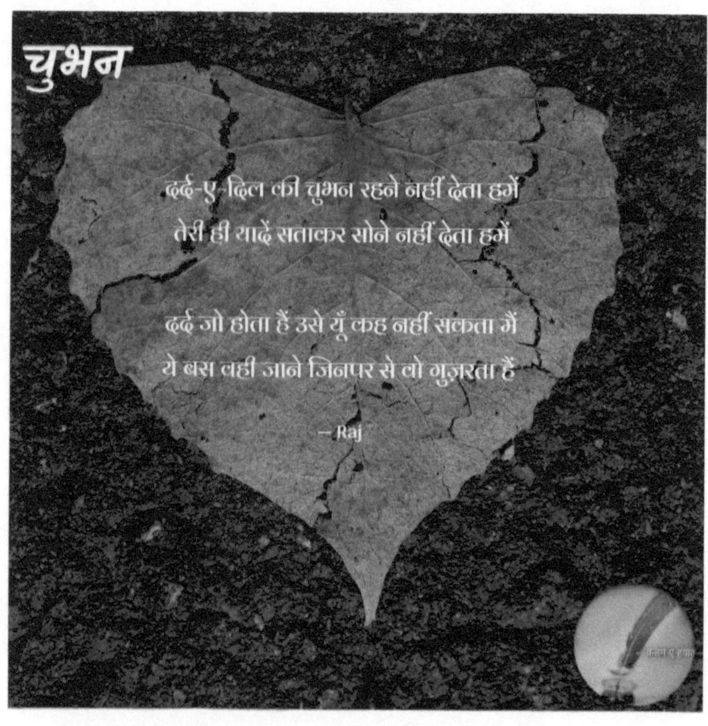
चुभन
दर्द-ए-दिल की चुभन रहने नहीं देता हमें
तेरी ही यादें सताकर सोने नहीं देता हमें

दर्द जो होता हैं उसे यूँ कह नहीं सकता मैं
ये बस वही जाने जिनपर से वो गुज़रता हैं

— Raj

23. आहत

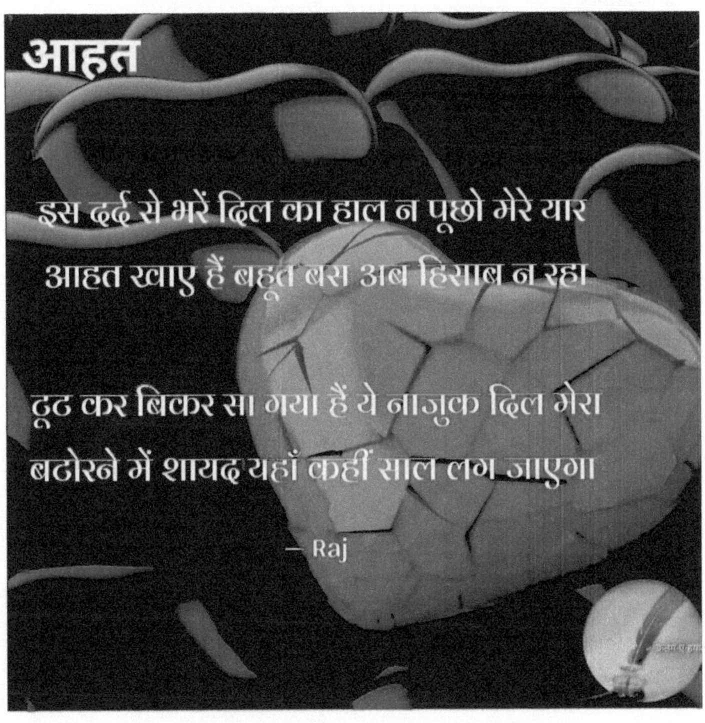

आहत
इस दर्द से भरें दिल का हाल न पूछो मेरे यार
आहत खाए हैं बहुत बस अब हिसाब न रहा

टूट कर बिकर सा गया हैं ये नाजुक दिल मेरा
बटोरने में शायद यहाँ कहीं साल लग जाएगा

— Raj

24. एहसान

एहसान

एहसान तेरा होगा मुझपर ग़र साथ तेरा मिल जाए मुझें

दिल की बेताबी किसे सुनाऊं बस तन्हाई ने घेरा हैं मुझें

राह ताक रहा हूँ बस जिस राह पर तुमने छोड़ा हैं मुझें

उम्मीद हैं मिलन की पर तेरी ये बेरूख़ी सता रहा हैं मुझें

— Raj

25. मीठा सा दर्द

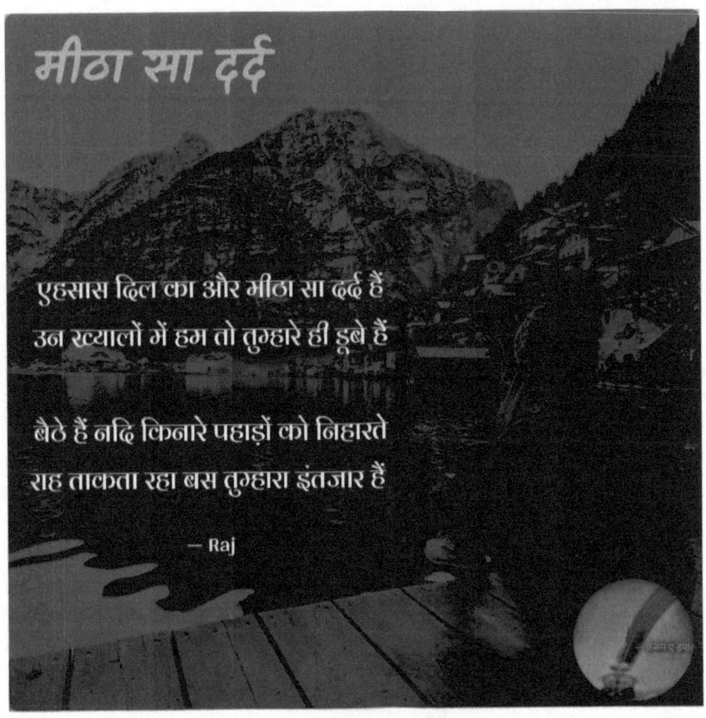
मीठा सा दर्द

एहसास दिल का और मीठा सा दर्द है
उन ख्यालों में हम तो तुम्हारे ही डूबे हैं

बैठे हैं नदि किनारे पहाड़ों को निहारते
राह ताकता रहा बस तुम्हारा इंतजार है

— Raj

26. एक रात का मुसाफ़िर

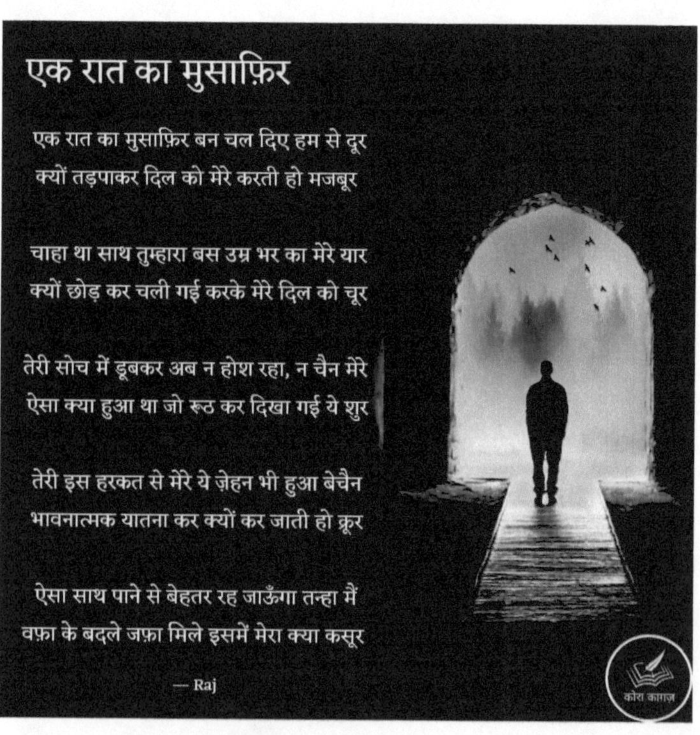

27. राज़िक़

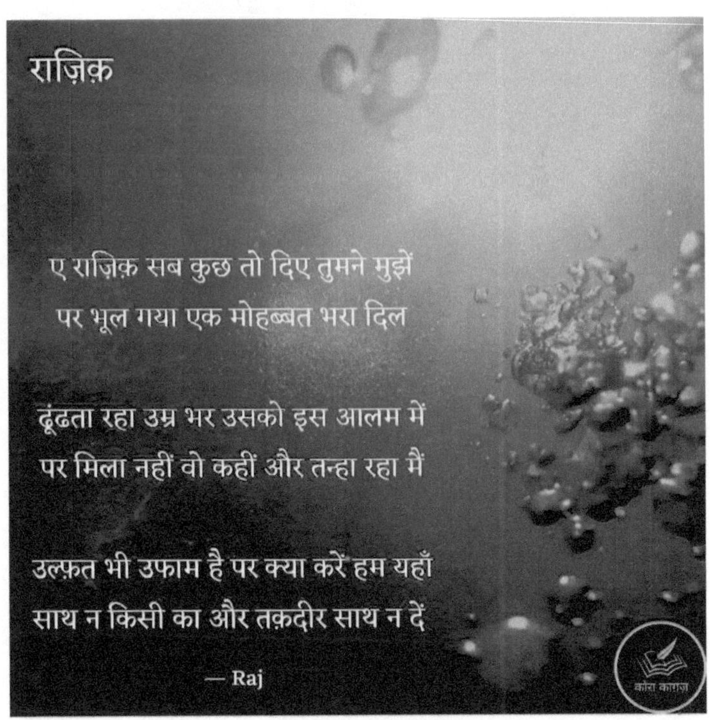

राज़िक़

ए राज़िक़ सब कुछ तो दिए तुमने मुझे
पर भूल गया एक मोहब्बत भरा दिल

ढूंढता रहा उम्र भर उसको इस आलम में
पर मिला नहीं वो कहीं और तन्हा रहा मैं

उल्फ़त भी उफ़ाम है पर क्या करें हम यहाँ
साथ न किसी का और तक़दीर साथ न दें

— Raj

28. गुलिस्ताँ

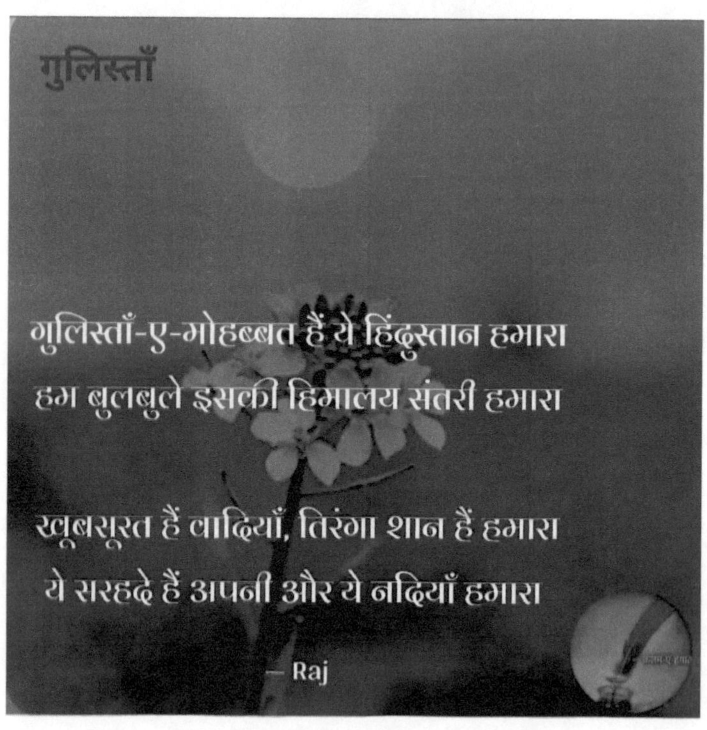

गुलिस्ताँ

गुलिस्ताँ-ए-मोहब्बत हैं ये हिंदुस्तान हमारा

हम बुलबुले इसकी हिमालय संतरी हमारा

खूबसूरत हैं वादियाँ, तिरंगा शान हैं हमारा

ये सरहदे हैं अपनी और ये नदियाँ हमारा

— Raj

29. स्याह रात

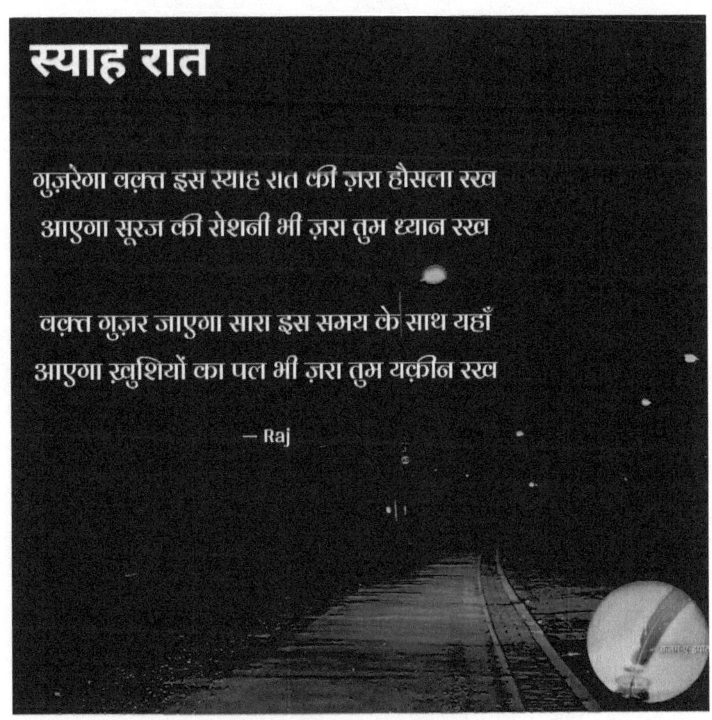

स्याह रात

गुज़रेगा वक़्त इस स्याह रात की ज़रा हौसला रख
आएगा सूरज की रोशनी भी ज़रा तुम ध्यान रख

वक़्त गुज़र जाएगा सारा इस समय के साथ यहाँ
आएगा ख़ुशियों का पल भी ज़रा तुम यक़ीन रख

— Raj

30. हम दो हमारे दो

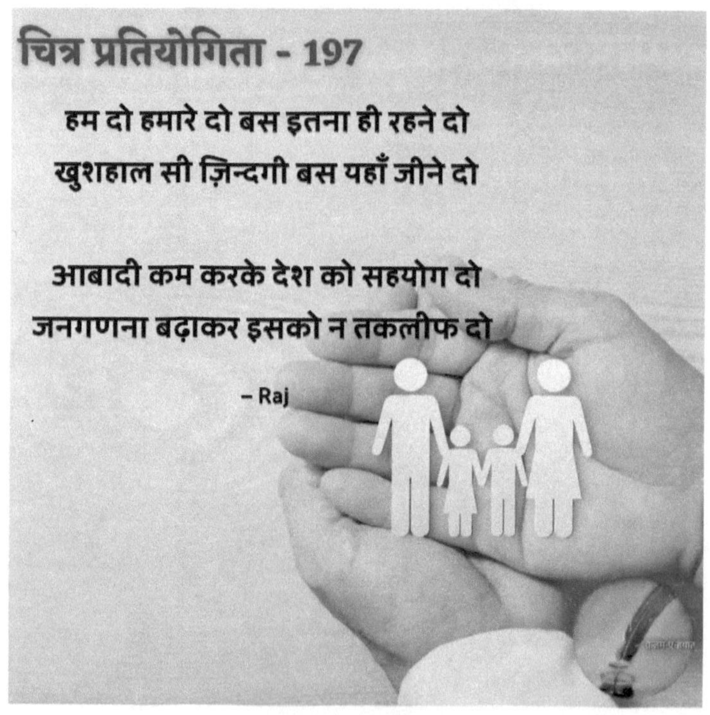

चित्र प्रतियोगिता - 197

हम दो हमारे दो बस इतना ही रहने दो
खुशहाल सी ज़िन्दगी बस यहाँ जीने दो

आबादी कम करके देश को सहयोग दो
जनगणना बढ़ाकर इसको न तकलीफ दो

– Raj

31. हठीली धुप

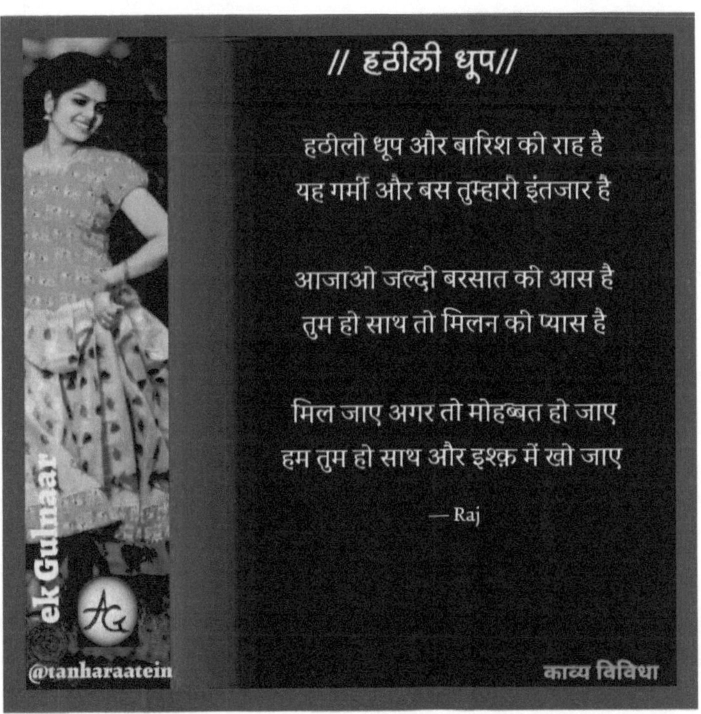

// हठीली धूप//

हठीली धूप और बारिश की राह है
यह गर्मी और बस तुम्हारी इंतजार है

आजाओ जल्दी बरसात की आस है
तुम हो साथ तो मिलन की प्यास है

मिल जाए अगर तो मोहब्बत हो जाए
हम तुम हो साथ और इश्क़ में खो जाए

— Raj

ek Gulnaar
@tanharaatein

काव्य विविधा

32. दिन पर दिन

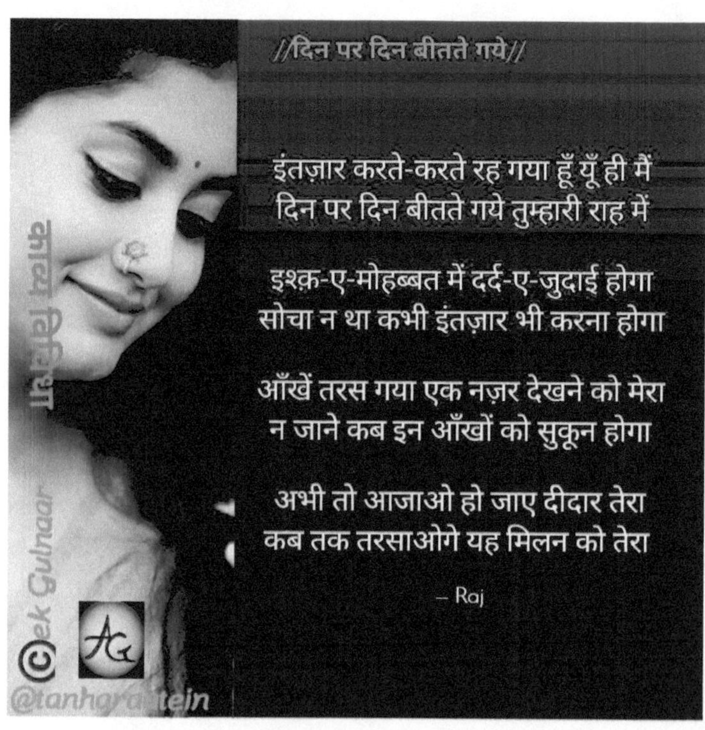

//दिन पर दिन बीतते गये//

इंतज़ार करते-करते रह गया हूँ यूँ ही मैं
दिन पर दिन बीतते गये तुम्हारी राह में

इश्क़-ए-मोहब्बत में दर्द-ए-जुदाई होगा
सोचा न था कभी इंतज़ार भी करना होगा

आँखें तरस गया एक नज़र देखने को मेरा
न जाने कब इन आँखों को सुकून होगा

अभी तो आजाओ हो जाए दीदार तेरा
कब तक तरसाओगे यह मिलन को तेरा

– Raj

@ek Gulnaar
@tanhgra tein

33. इक़रार कर मोहब्बत

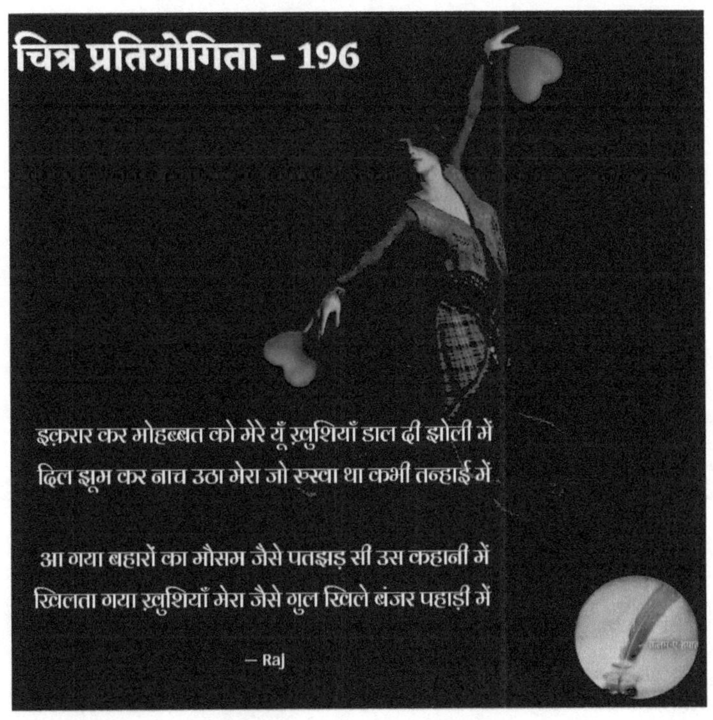

34. रहबर

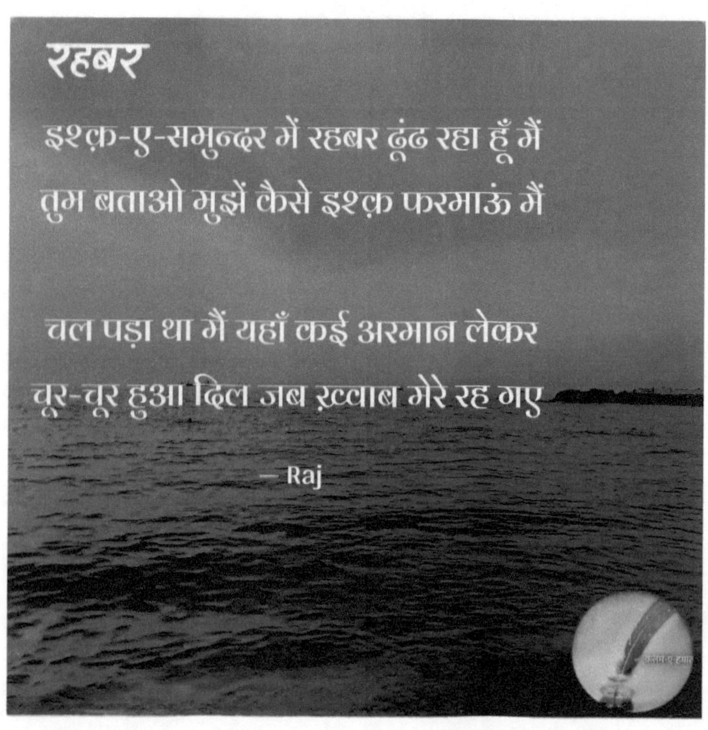

रहबर

इश्क़-ए-समुन्दर में रहबर ढूंढ रहा हूँ मैं
तुम बताओ मुझें कैसे इश्क़ फरमाऊं मैं

चल पड़ा था मैं यहाँ कई अरमान लेकर
चूर-चूर हुआ दिल जब ख़्वाब मेरे रह गए

— Raj

35. कर्मफल

कर्मफल

जैसी करनी वैसी भरनी ये दुनिया की रीत

जो भी कर्म हैं वैसा मिलता हैं यहाँ कर्मफल

इच्छा ना कर फल का बस कर्म किए जा

अच्छा कर्म हैं गर तेरा तो मिलेगा मीठा फल

दुष्कर्म का होता हैं यहां बहुत बुरा नतीजा

कितना भी उभरना चाहूँ देता वो खट्टा फल

पेड़ पौधे काठ कर जिसने भी जग को लूटा

प्रलय से निसर्ग ने भर दिए जगह पर जल

कैसे करेंगे बचाव अपनी जब आपदा आए

आंधी आए, तूफान आए या भर जाए जल

चाहे कोई भी ऋतु हो यहाँ पर उफान पर हैं

क्रोधित हैं निसर्ग यहाँ कैसे करें उसे शीतल

— Raj

36. आँखों में आँसू

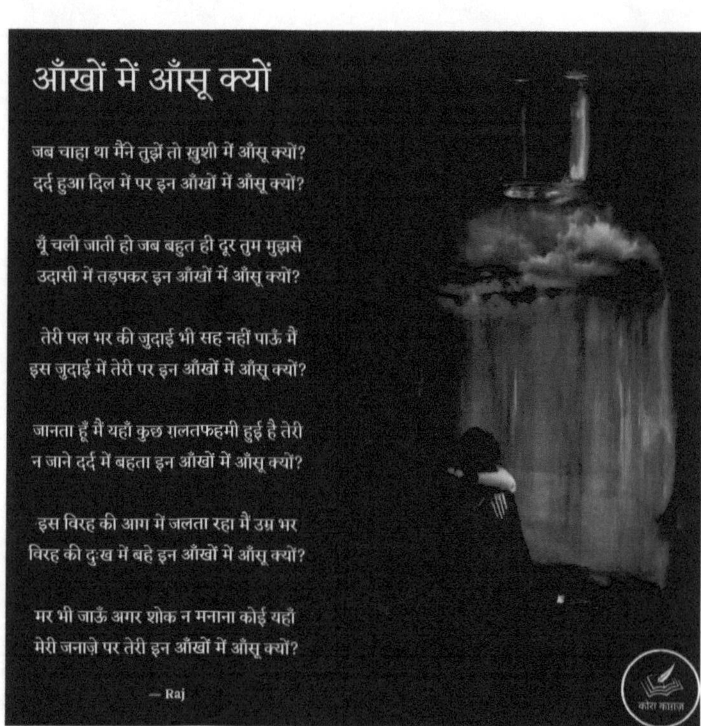

आँखों में आँसू क्यों

जब चाहा था मैंने तुझें तो खुशी में आँसू क्यों?
दर्द हुआ दिल में पर इन आँखों में आँसू क्यों?

यूँ चली जाती हो जब बहुत ही दूर तुम मुझसे
उदासी में तड़पकर इन आँखों में आँसू क्यों?

तेरी पल भर की जुदाई भी सह नहीं पाऊँ मैं
इस जुदाई में तेरी पर इन आँखों में आँसू क्यों?

जानता हूँ मैं यहाँ कुछ गलतफहमी हुई है तेरी
न जाने दर्द में बहता इन आँखों में आँसू क्यों?

इस विरह की आग में जलता रहा मैं उम्र भर
विरह की दुःख में बहे इन आँखों में आँसू क्यों?

मर भी जाऊँ अगर शोक न मनाना कोई यहाँ
मेरी जनाज़े पर तेरी इन आँखों में आँसू क्यों?

— Raj

37. कुदरत का कहर

चित्र प्रतियोगिता - 193

जब होता हैं कुदरत का कहर
आत्मा तक हो जाता हैं सिहर
नहीं चलता हैं ज़ोर इन्सानों के
बस रह जाता वो तीतर बितर

यहाँ डूब जाता हैं कहीं शहर
नदियों की होती हैं जब फुहर
चट्टान भी हो जाता हैं पिघल
लोग भी बह जाता हैं इधर

किस से करें मदद की पुकार
जब हैं सब लोगों का वो हाल
चाहकर भी बचा नहीं पाएगा
यहाँ इन्सान इन्सानों की जान

— Raj

38. नक़ाब

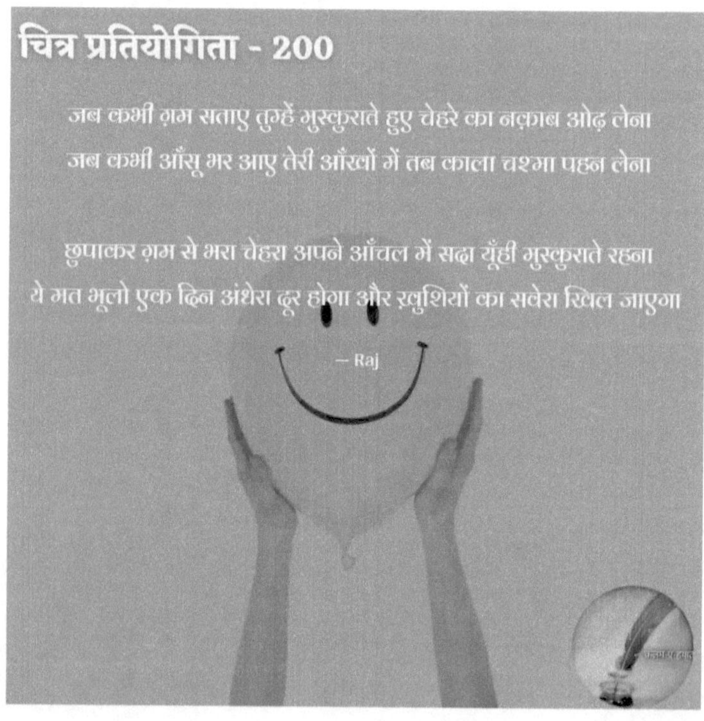

चित्र प्रतियोगिता - 200

जब कभी ग़म सताए तुम्हें मुस्कुराते हुए चेहरे का नक़ाब ओढ़ लेना
जब कभी आँसू भर आए तेरी आँखों में तब काला चश्मा पहन लेना

छुपाकर ग़म से भरा चेहरा अपने आँचल में सढ़ा यूँही मुस्कुराते रहना
ये मत भूलो एक दिन अंधेरा दूर होगा और ख़ुशियों का सवेरा खिल जाएगा

— Raj

39. जिन्हें प्रेम मिला

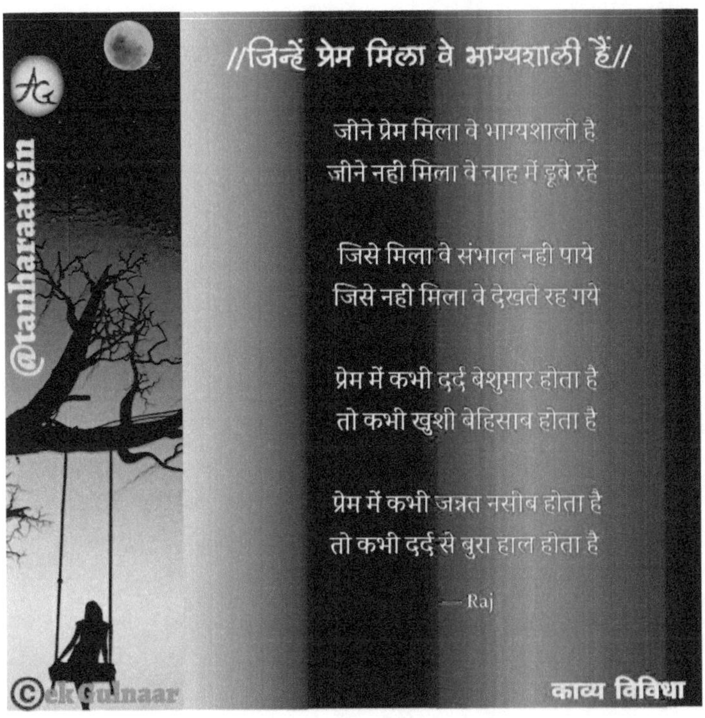

//जिन्हें प्रेम मिला वे भाग्यशाली हैं//

जीने प्रेम मिला वे भाग्यशाली है
जीने नही मिला वे चाह में डूबे रहे

जिसे मिला वे संभाल नही पाये
जिसे नही मिला वे देखते रह गये

प्रेम में कभी दर्द बेशुमार होता है
तो कभी खुशी बेहिसाब होता है

प्रेम में कभी जन्नत नसीब होता है
तो कभी दर्द से बुरा हाल होता है

— Raj

काव्य विविधा

40. दोगले लोग

दोगले लोग

जिनके चेहरे पर हो नक़ाब और लबों पर मुस्कान

ज़ुबान पर मीठी बोली और मोहब्बत का इज़हार

कैसे यक़ीन कर लें यहाँ उन लोगों की वो बात

जब दोगले लोग हैं और बातें बदलते रहे हज़ार

— Raj

41. दिलदार

दिलदार

जिसका कोई दिल नहीं वो दिलदार हैं कैसा
जिसको कोई प्रेम नहीं वो प्रेमी कहलाए कैसा

नफ़रत की दीवार को तोड़ो मिलजुलकर यहाँ
प्रेम की नदियाँ बहने दो बन जाओ दिलदार वैसा

— Raj

42. जिस पिंजर में

42

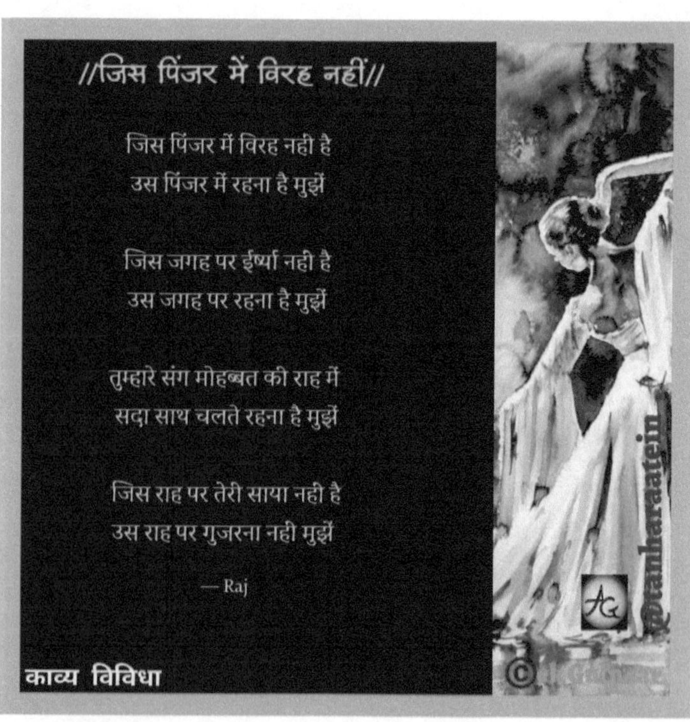

//जिस पिंजर में विरह नहीं//

जिस पिंजर में विरह नही है
उस पिंजर में रहना है मुझे

जिस जगह पर ईर्ष्या नही है
उस जगह पर रहना है मुझे

तुम्हारे संग मोहब्बत की राह में
सदा साथ चलते रहना है मुझे

जिस राह पर तेरी साया नही है
उस राह पर गुजरना नही मुझे

— Raj

काव्य विविधा

43. दिल बेताब रहता है

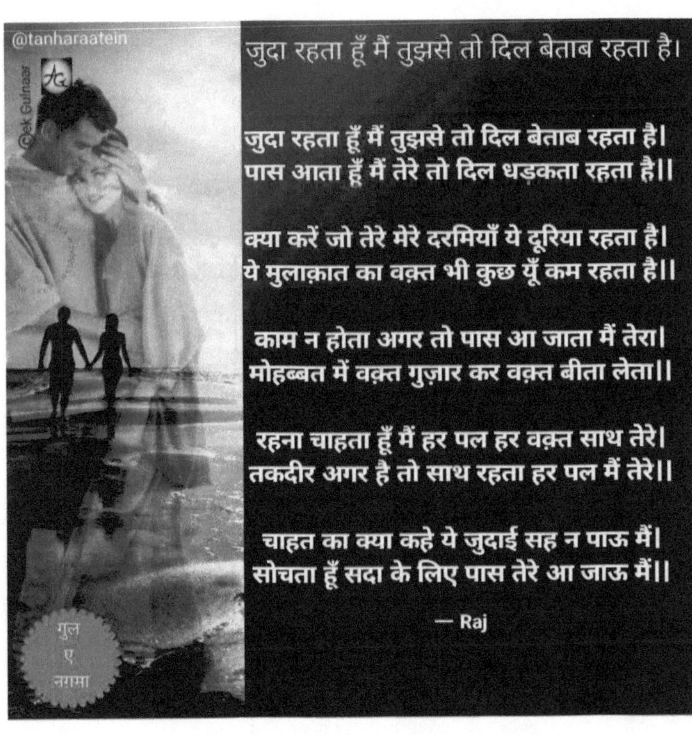

44. काली घटा और मेघ

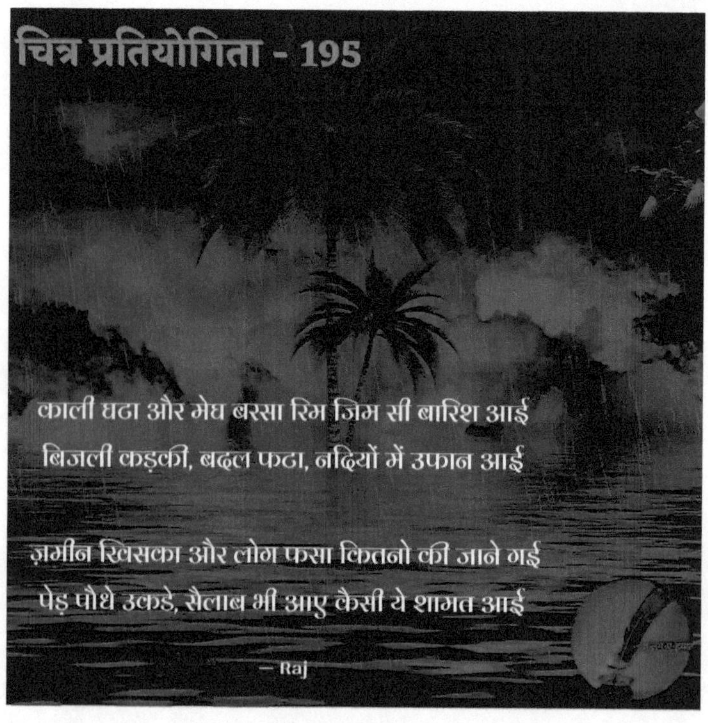

चित्र प्रतियोगिता - 195
काली घटा और मेघ बरसा रिम जिम सी बारिश आई
बिजली कड़की, बदल फटा, नदियों में उफान आई

ज़मीन खिसका और लोग फसा कितनो की जाने गई
पेड़ पौधे उखड़े, सैलाब भी आए कैसी ये शामत आई

— Raj

45. सैलाब

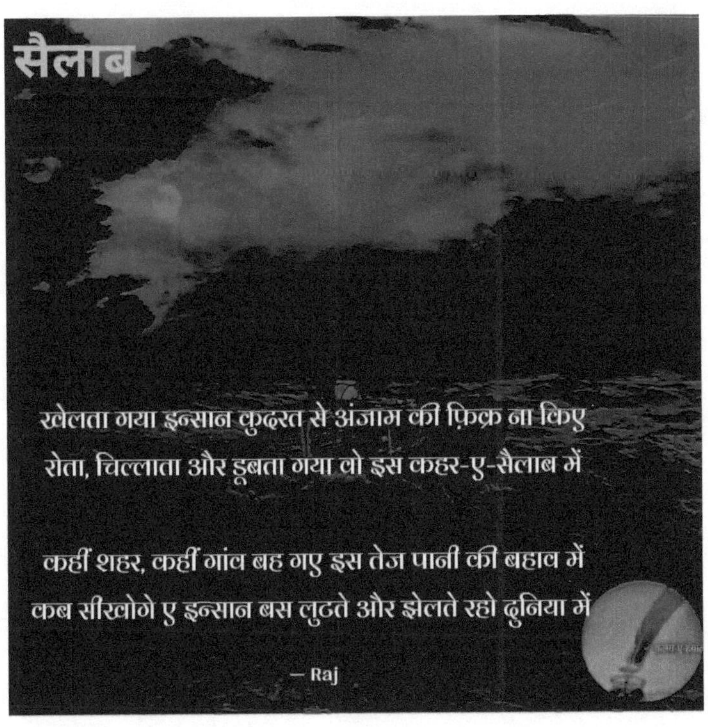

सैलाब

खेलता गया इन्सान कुदरत से अंजाम की फ़िक्र ना किए
रोता, चिल्लाता और डूबता गया वो इस कहर-ए-सैलाब में

कहीं शहर, कहीं गांव बह गए इस तेज पानी की बहाव में
कब सीखोगे ए इन्सान बस लुटते और झेलते रहो दुनिया में

— Raj

46. खफ़ा भी हों तो

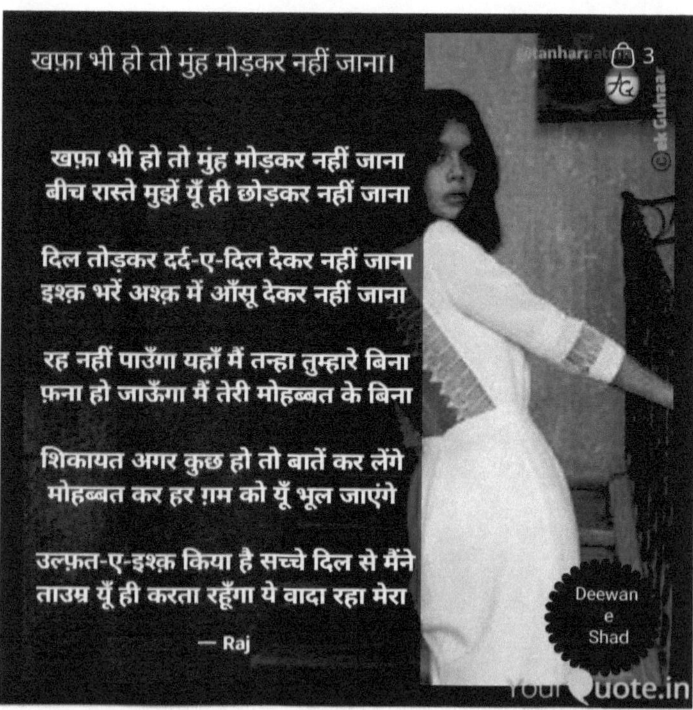

खफ़ा भी हो तो मुंह मोड़कर नहीं जाना।

खफ़ा भी हो तो मुंह मोड़कर नहीं जाना
बीच रास्ते मुझें यूँ ही छोड़कर नहीं जाना

दिल तोड़कर दर्द-ए-दिल देकर नहीं जाना
इश्क़ भरें अश्क़ में आँसू देकर नहीं जाना

रह नहीं पाउँगा यहाँ मैं तन्हा तुम्हारे बिना
फ़ना हो जाऊँगा मैं तेरी मोहब्बत के बिना

शिकायत अगर कुछ हो तो बातें कर लेंगे
मोहब्बत कर हर ग़म को यूँ भूल जाएंगे

उल्फ़त-ए-इश्क़ किया है सच्चे दिल से मैंने
ताउम्र यूँ ही करता रहूँगा ये वादा रहा मेरा

— Raj

Deewan
e
Shad

47. शाह और मात

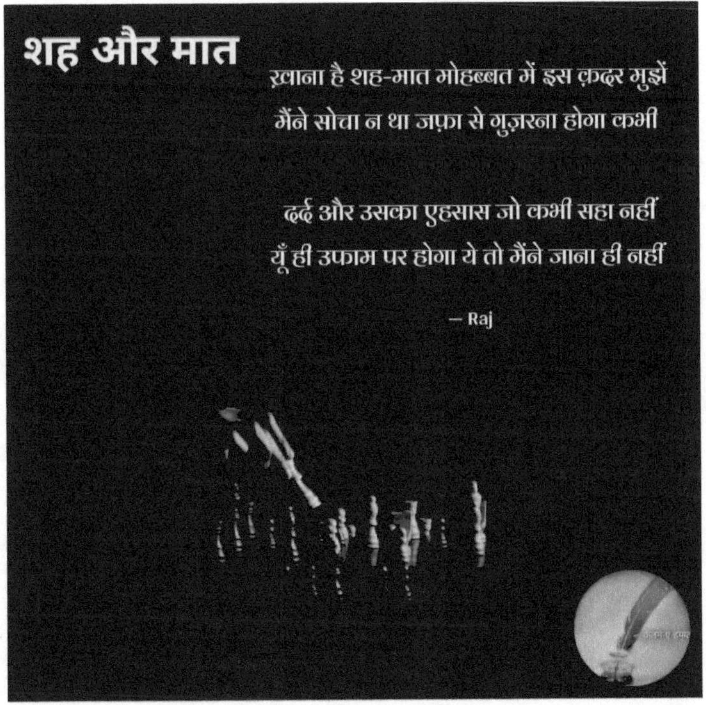

शह और मात

ख़ाना है शह-मात मोहब्बत में इस क़दर मुझें
मैंने सोचा न था जफ़ा से गुज़रना होगा कभी

दर्द और उसका एहसास जो कभी सहा नहीं
यूँ ही उफ़ाम पर होगा ये तो मैंने जाना ही नहीं

— Raj

48. ख़ुद-ग़र्ज़ी

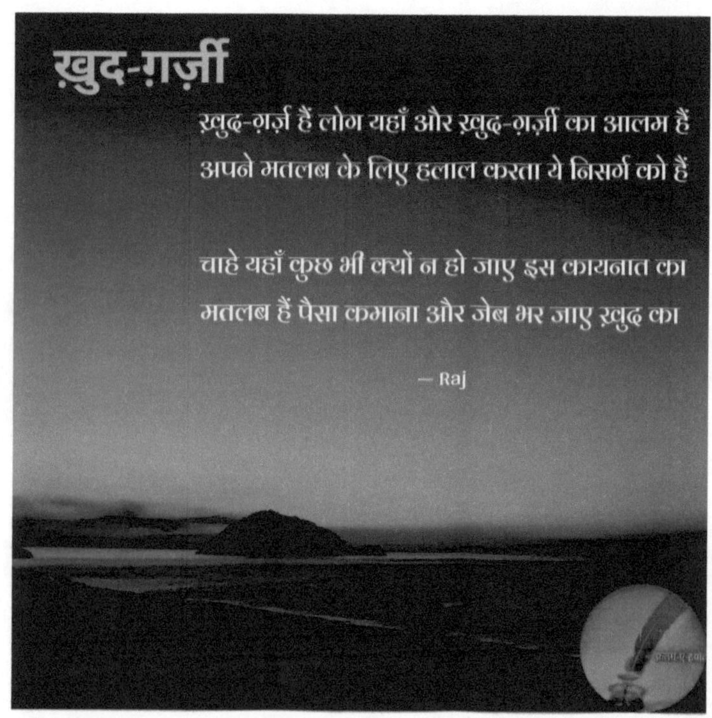

ख़ुद-ग़र्ज़ी
ख़ुद-ग़र्ज़ हैं लोग यहाँ और ख़ुद-ग़र्ज़ी का आलम हैं
अपने मतलब के लिए हलाल करता ये निसर्ग को हैं

चाहे यहाँ कुछ भी क्यों न हो जाए इस कायनात का
मतलब हैं पैसा कमाना और जेब भर जाए ख़ुद का

— Raj

49. खिलौना

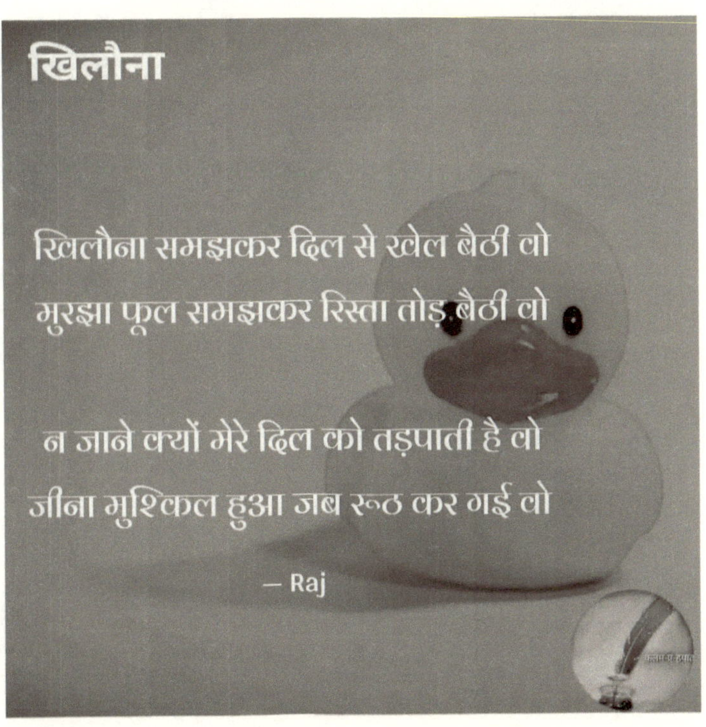

खिलौना

खिलौना समझकर दिल से खेल बैठी वो
मुरझा फूल समझकर रिस्ता तोड़ बैठी वो

न जाने क्यों मेरे दिल को तड़पाती है वो
जीना मुश्किल हुआ जब रूठ कर गई वो

— Raj

50. दुहाई

दुहाई

खुश रहे तुम हर दम ये मांगू रब से दुहाई
मेरी होकर भी ना हुई यही हैं सिर्फ़ रूसवाई

रंजिश नहीं किसीसे दिल हैं मोहब्बत भरी
ऐसा दिल हैं मेरा करता ना कभी शिकवाई

— Raj

51. किसीका नक़्श जो..

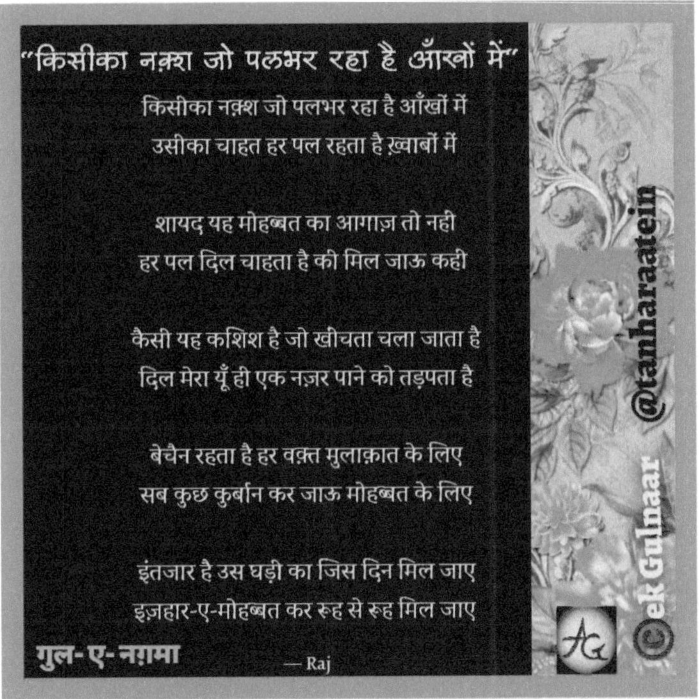

"किसीका नक़्श जो पलभर रहा है आँखों में"

किसीका नक़्श जो पलभर रहा है आँखों में
उसीका चाहत हर पल रहता है ख़्वाबों में

शायद यह मोहब्बत का आगाज़ तो नही
हर पल दिल चाहता है की मिल जाऊ कही

कैसी यह कशिश है जो खीचता चला जाता है
दिल मेरा यूँ ही एक नज़र पाने को तड़पता है

बेचैन रहता है हर वक़्त मुलाक़ात के लिए
सब कुछ क़ुर्बान कर जाऊ मोहब्बत के लिए

इंतजार है उस घड़ी का जिस दिन मिल जाए
इज़हार-ए-मोहब्बत कर रूह से रूह मिल जाए

गुल-ए-नग़मा
— Raj

@tanharaatein
©ek Gulnaar

52. पुकार

पुकार

किसने सुना हैं आज तक दिल की कहीं पुकार
रह जाता हैं ज़ालिम यहाँ लगाकर कई आवाज़

इश्क़ से भरा दिल हैं पर इसका यहाँ क्या काम
सोच कर रह जाता जब हर कोशिश हो नाकाम

मतलब भरी हैं दुनिया और फ़रेब से भरा इन्सान
किस पर यक़ीन करूँ मैं जो कर दे पूरे अरमान

छोटा सा दिल हैं मेरा और उसमे हैं दर्द बेशुमार
मरहम का क्या काम जब ज़ख्म हो कई हज़ार

— Raj

53. अलबेला

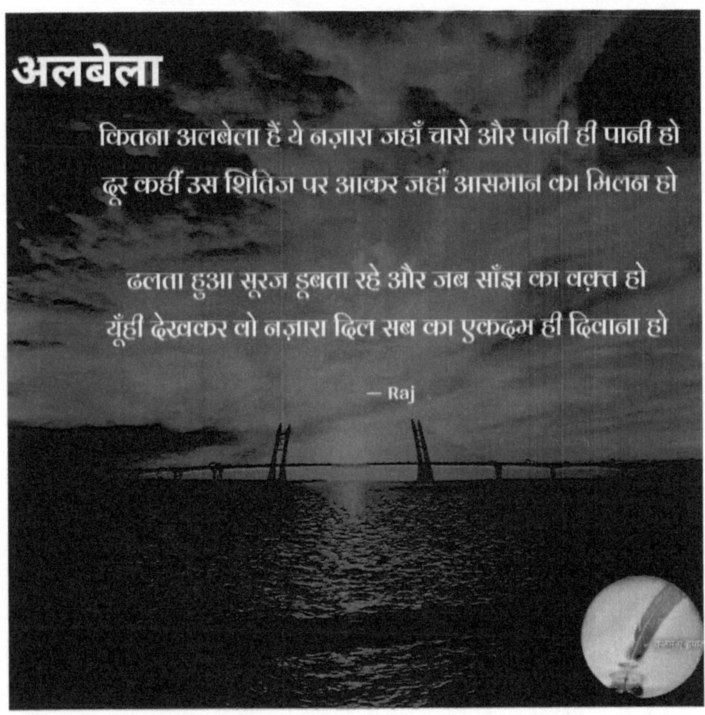

अलबेला

कितना अलबेला हैं ये नज़ारा जहाँ चारो और पानी ही पानी हो

दूर कहीं उस शितिज पर आकर जहाँ आसमान का मिलन हो

ढलता हुआ सूरज डूबता रहे और जब साँझ का वक़्त हो

यूँही देखकर वो नज़ारा दिल सब का एकदम ही दिवाना हो

— Raj

54. कितने सावन बीते

54

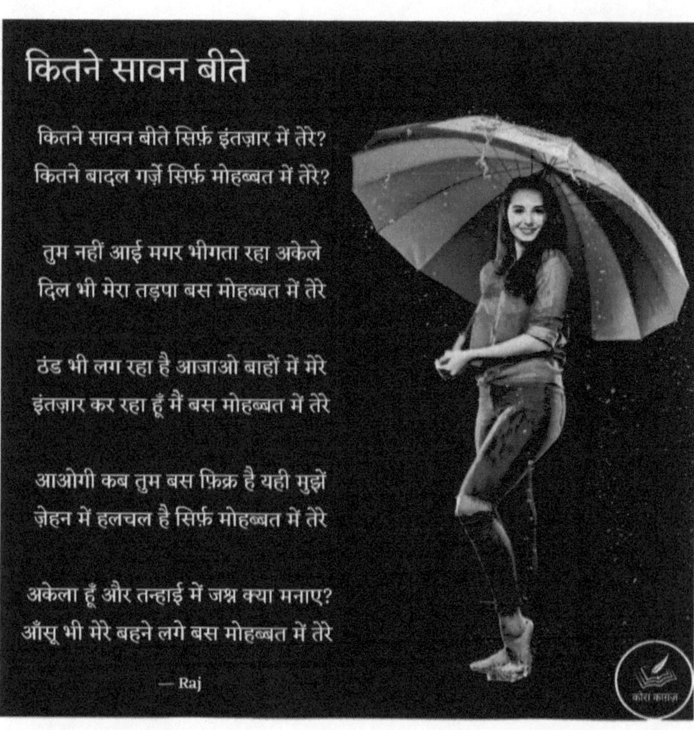

55. कल-कल बहती

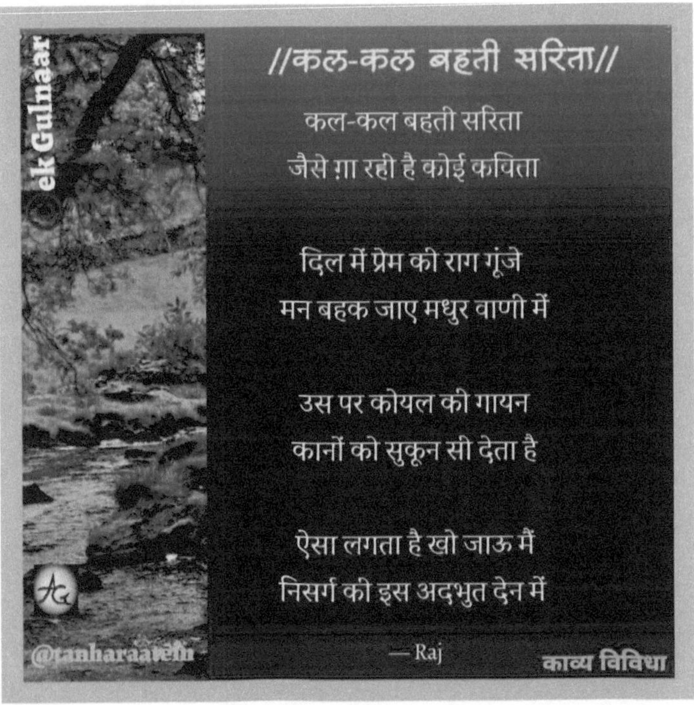

//कल-कल बहती सरिता//

कल-कल बहती सरिता
जैसे गा रही है कोई कविता

दिल में प्रेम की राग गूंजे
मन बहक जाए मधुर वाणी में

उस पर कोयल की गायन
कानों को सुकून सी देता है

ऐसा लगता है खो जाऊ मैं
निसर्ग की इस अदभुत देन में

— Raj

©ek Gulnaar

@tanharaavein

काव्य विविधा

56. दान ज़रूरतमंदों को

57. दशानन

लाखों हैं दशानन इस आलम में मगर
राम की भी कोई कमी नहीं हैं यहाँ

होते हुए हर उस अधर्म को चीर कर
सदा धर्म की स्थापना कर जाए यहाँ

— Raj

58. लकीरें बदलती रहीं

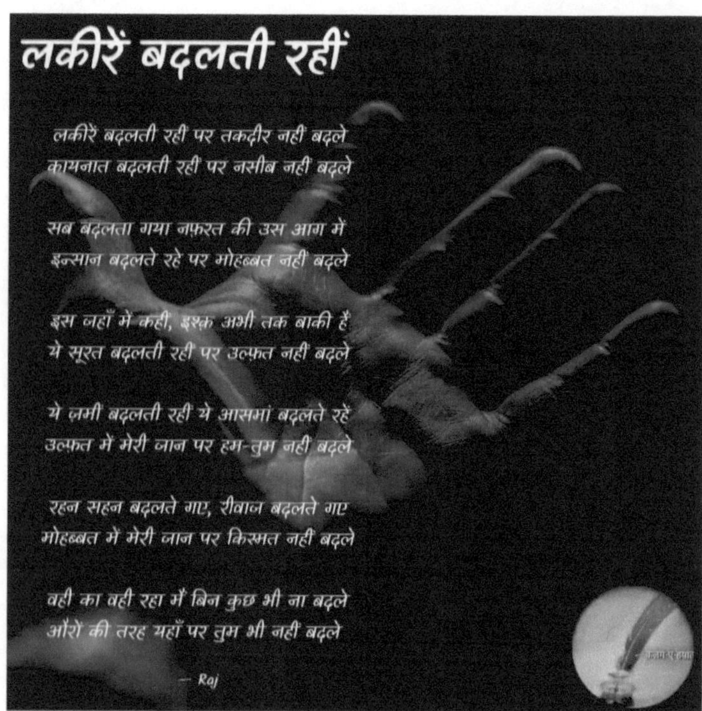

59. मैं राख का घर हूँ

// मैं राख का घर हूँ!//

मैं दुनिया के सितम का मारा हूँ
अंधेरा है, तन्हा ही रहने दो मुझें

मैं राख का घर हूँ, जलता रहा हूँ
रौशनी से अब डर लगता है मुझें

लूट गया सब कुछ मेरा ग़म न है
तन्हा रहना आदत हो गया मुझें

सुलगता नहीं कुछ भी ज़िन्दगी में
चिंगारी बुझकर ले गया साथ मुझें

— Raj

काव्य विविधा

@tanharaatein

@ek Gulnaar

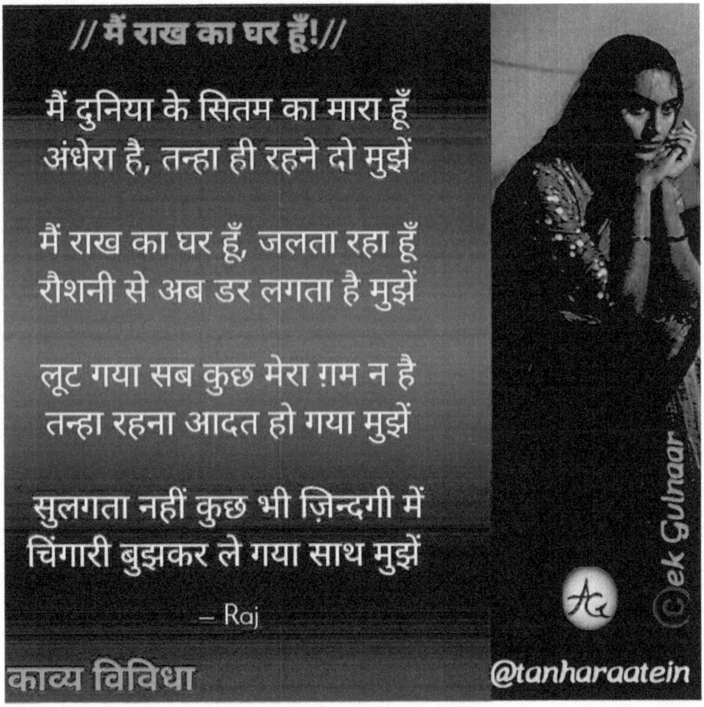

60. धड़कन

धड़कन

मेरे हर साँस में बस तेरा ही ख़ुशबू है
मेरे हर धड़कन में बस तेरा ही नाम है

तुम न हो तो मेरा ये जीवन बेकार है
तुमसे ही तो मेरा हर दिन ख़ुशहाल है
मोहब्बत में तेरे जीना मेरा ख़्वाब है
छोड़ कर ना जाना तुमसे अनुरोध है

मेरे हर ख़्वाब में बस तेरा ही चेहरा है
मेरे रग रग में बस तेरा ही एहसास है

— Raj

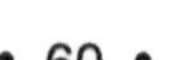

61. सर-ए-राह-गुज़र

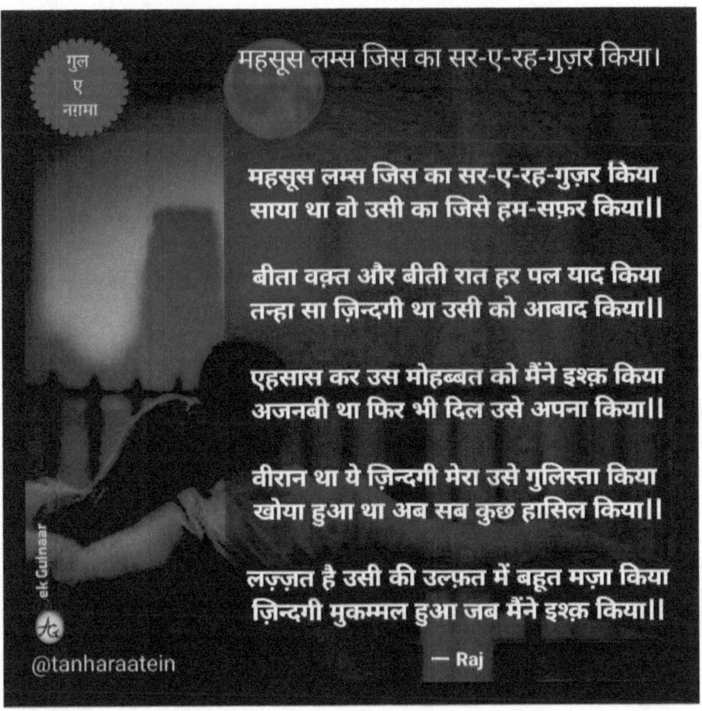

गुल ए नग़मा
महसूस लम्स जिस का सर-ए-रह-गुज़र किया।

महसूस लम्स जिस का सर-ए-रह-गुज़र किया
साया था वो उसी का जिसे हम-सफ़र किया॥

बीता वक़्त और बीती रात हर पल याद किया
तन्हा सा ज़िन्दगी था उसी को आबाद किया॥

एहसास कर उस मोहब्बत को मैंने इश्क़ किया
अजनबी था फिर भी दिल उसे अपना किया॥

वीरान था ये ज़िन्दगी मेरा उसे गुलिस्ता किया
खोया हुआ था अब सब कुछ हासिल किया॥

लज़्ज़त है उसी की उल्फ़त में बहुत मज़ा किया
ज़िन्दगी मुकम्मल हुआ जब मैंने इश्क़ किया॥

— Raj

ek Gulnaar
@tanharaatein

62. जैसे पिघल गया..

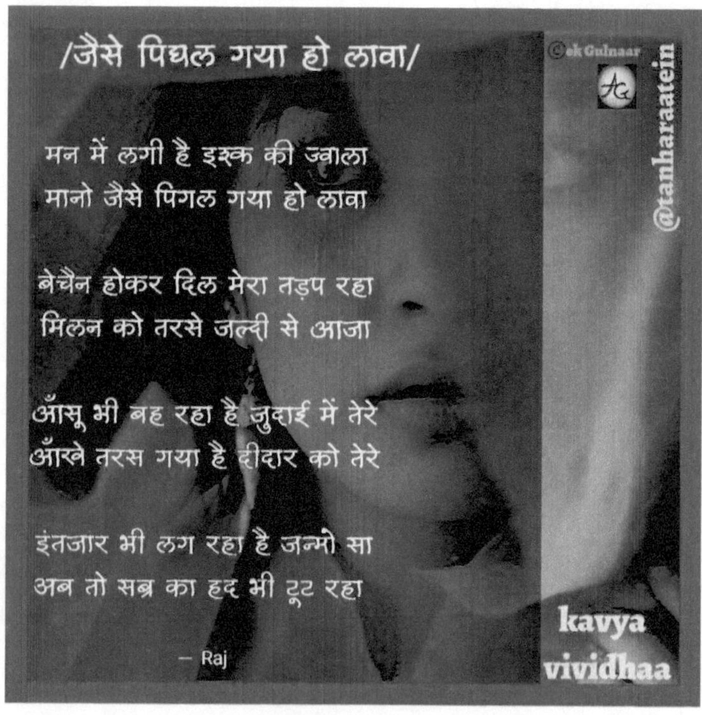

/जैसे पिघल गया हो लावा/

मन में लगी है इश्क़ की ज्वाला
मानो जैसे पिगल गया हो लावा

बेचैन होकर दिल मेरा तड़प रहा
मिलन को तरसे जल्दी से आजा

आँसू भी बह रहा है जुदाई में तेरे
आँखे तरस गया है दीदार को तेरे

इंतजार भी लग रहा है जन्मो सा
अब तो सब्र का हद भी टूट रहा

— Raj

©ek Gulnaar
@tanharaatein
kavya
vividhaa

63. मंज़िल की चाहत

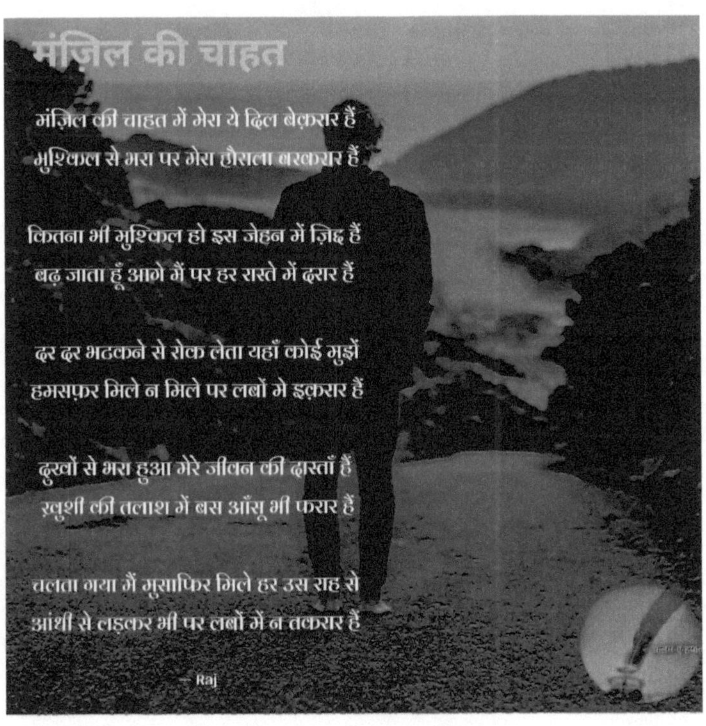

मंज़िल की चाहत

मंज़िल की चाहत में मेरा ये दिल बेक़रार हैं
मुश्किल से भरा पर मेरा हौसला बरक़रार हैं

कितना भी मुश्किल हो इस जेहन में ज़िद्द हैं
बढ़ जाता हूँ आगे मैं पर हर रास्ते में द्रार हैं

दर दर भटकने से रोक लेता यहाँ कोई मुझें
हमसफ़र मिले न मिले पर लबों में इक़रार हैं

दुखों से भरा हुआ मेरे जीवन की दास्ताँ हैं
खुशी की तलाश में बस आँसू भी फ़रार हैं

चलता गया मैं मुसाफ़िर मिले हर उस राह से
आंधी से लड़कर भी पर लबों में न तक़रार हैं

— Raj

64. मंज़िल की तलाश

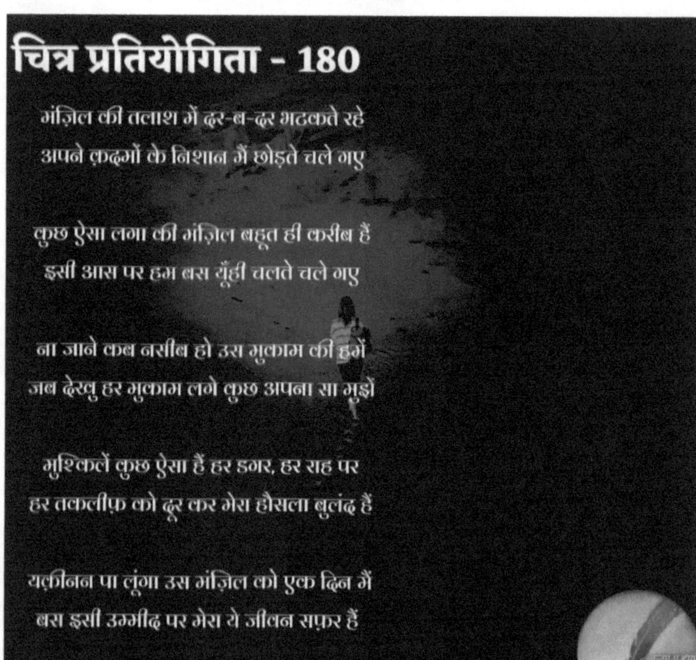

चित्र प्रतियोगिता - 180

मंज़िल की तलाश में दर-ब-दर भटकते रहे
अपने क़दमों के निशान में छोड़ते चले गए

कुछ ऐसा लगा की मंज़िल बहुत ही करीब है
इसी आस पर हम बस यूँही चलते चले गए

ना जाने कब नसीब हो उस मुकाम की हमें
जब देखूं हर मुकाम लगे कुछ अपना सा मुझें

मुश्किलें कुछ ऐसा है हर डगर, हर राह पर
हर तकलीफ़ को दूर कर मेरा हौसला बुलंद है

यक़ीनन पा लूंगा उस मंज़िल को एक दिन मैं
बस इसी उम्मीद पर मेरा ये जीवन सफ़र है

— Raj

65. पशेमाँ

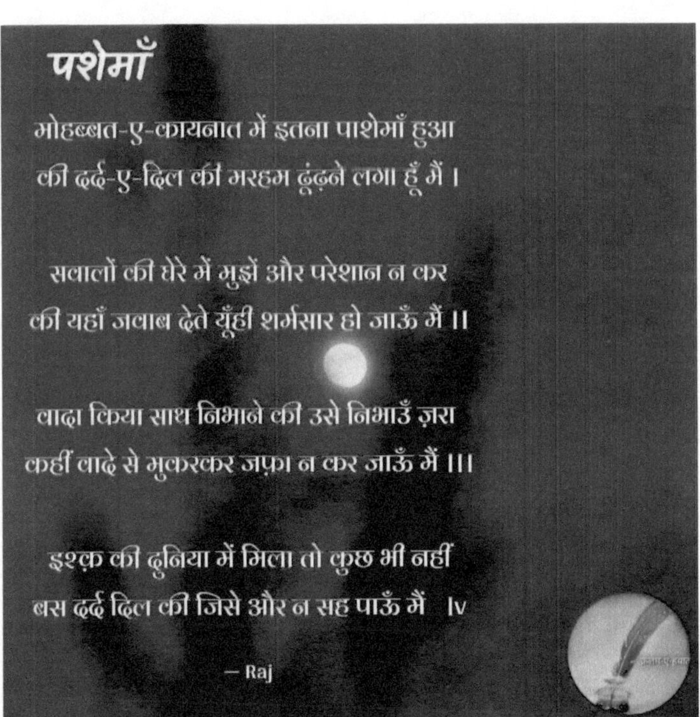

पशेमाँ

मोहब्बत-ए-कायनात में इतना पाशेमाँ हुआ
की दर्द-ए-दिल की मरहम ढूंढ़ने लगा हूँ मैं ।

सवालों की घेरे में मुझें और परेशान न कर
की यहाँ जवाब देते यूँही शर्मसार हो जाऊँ मैं ॥

वादा किया साथ निभाने की उसे निभाऊँ ज़रा
कहीं वादे से मुकरकर जफ़ा न कर जाऊँ मैं ॥॥

इश्क़ की दुनिया में मिला तो कुछ भी नहीं
बस दर्द दिल की जिसे और न सह पाऊँ मैं ।v

— Raj

66. मर्म

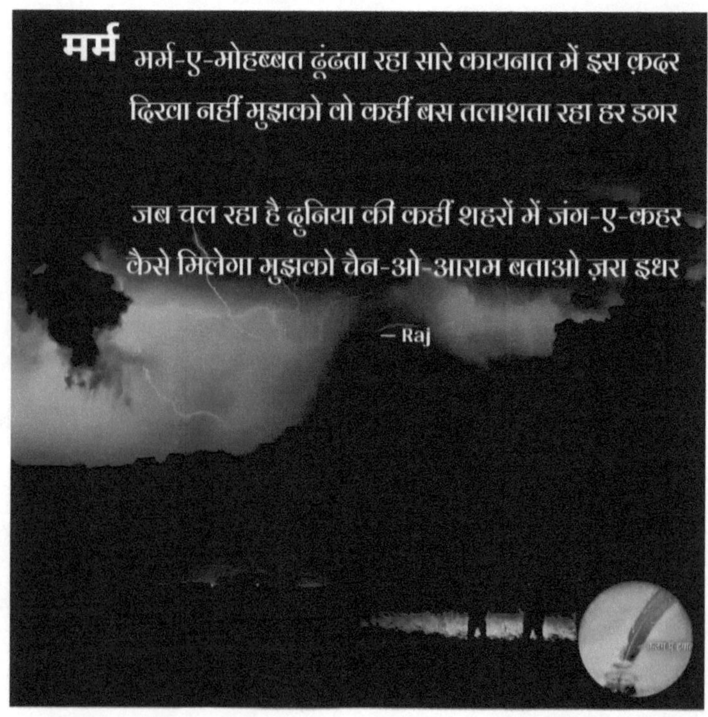

मर्म

मर्म-ए-मोहब्बत ढूंढता रहा सारे कायनात में इस क़द्र

दिखा नहीं मुझको वो कहीं बस तलाशता रहा हर डगर

जब चल रहा है दुनिया की कहीं शहरों में जंग-ए-कहर

कैसे मिलेगा मुझको चैन-ओ-आराम बताओ ज़रा इधर

— Raj

67. उजियारा

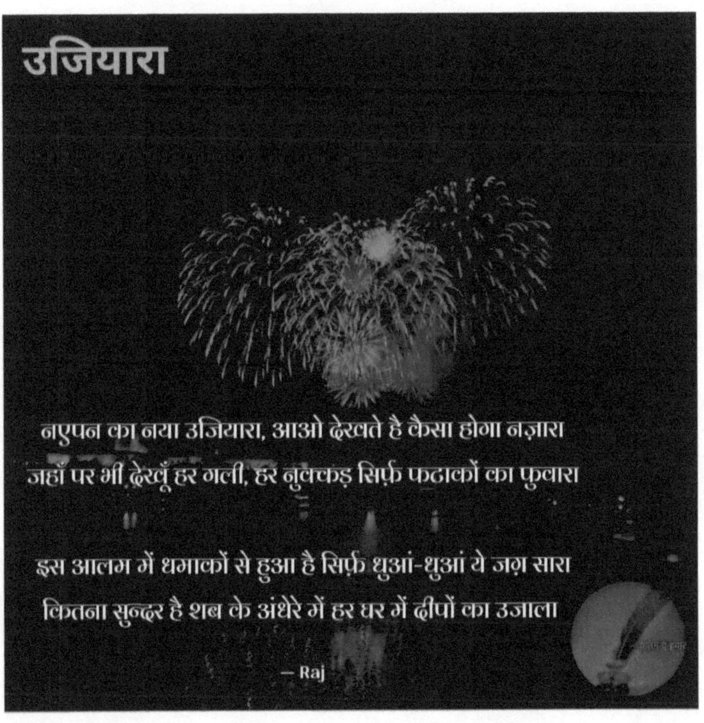

उजियारा

नएपन का नया उजियारा, आओ देखते है कैसा होगा नज़ारा

जहाँ पर भी देखूँ हर गली, हर नुक्कड़ सिर्फ़ पटाकों का फुवारा

इस आलम में धमाकों से हुआ है सिर्फ़ धुआं-धुआं ये जग सारा

कितना सुन्दर है शब के अंधेरे में हर घर में दीपों का उजाला

— Raj

68. देश-भेष-भाषा

निज देश-भेष-भाषा का भक्त मैं रहूंगा।

निज देश-भेष-भाषा का भक्त मैं रहूंगा।
इस देश की गौरव को झुकने नहीं दूंगा।।

इस तन-मन-जान से कुर्बान हो जाऊँगा।
अपने देश की नाम रोशन कर जाऊँगा।।

देश की दुश्मनों का ईंट से ईंट बजा दूंगा।
ये वीरों का देश है खून से खेल जाऊँगा।।

— Raj

69. निशान-ए-मोहब्बत

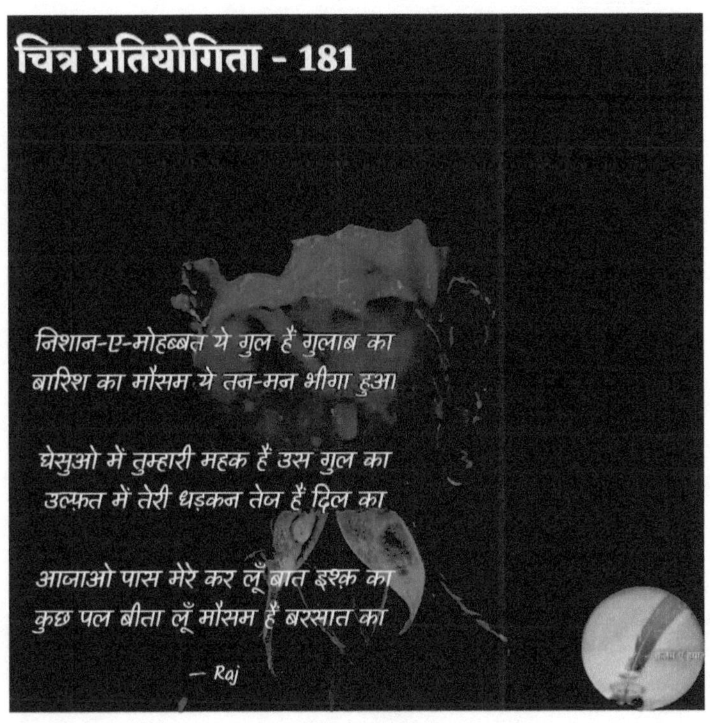

70. जीवन डोर

जीवन डोर
निसर्ग से बंधे रहना है जीवन की कहानी
साँस चलती है तो बस रहती है ज़िंदगानी

इस धरती से बंधे है ये जीवन डोर हमारी
जिस दिन टूट गया उस दिन होगा रवानी
— Raj

71. नज़रंदाज

नज़रंदाज
नज़रंदाज कर मेरी मोहब्बत को कब तक यूँ बैठोगी तुम?
एक नज़र तो यूँ देख लेना पर जब भी जी चाहोगी तुम

रंजिश छोड़कर मोहब्बत कर लें इस बात को मानोगी तुम
एक दिन ज़रूर आएगा जब मेरी इश्क़ को समझोगी तुम

— Raj

72. उस नील गगन में

चित्र प्रतियोगिता - 203
पंछी बनू, उड़ता फिरू, उस नील गगन में
भूल जाऊ, सुकून पाऊ, यूँ होकर मगन में

महबूब ढूँढ़, चाहने लगू, होकर बालम मैं
दुनिया देखू, लोग देखू, घुमकर आलम मैं

— Raj

73. पतझड़ सम जीवन

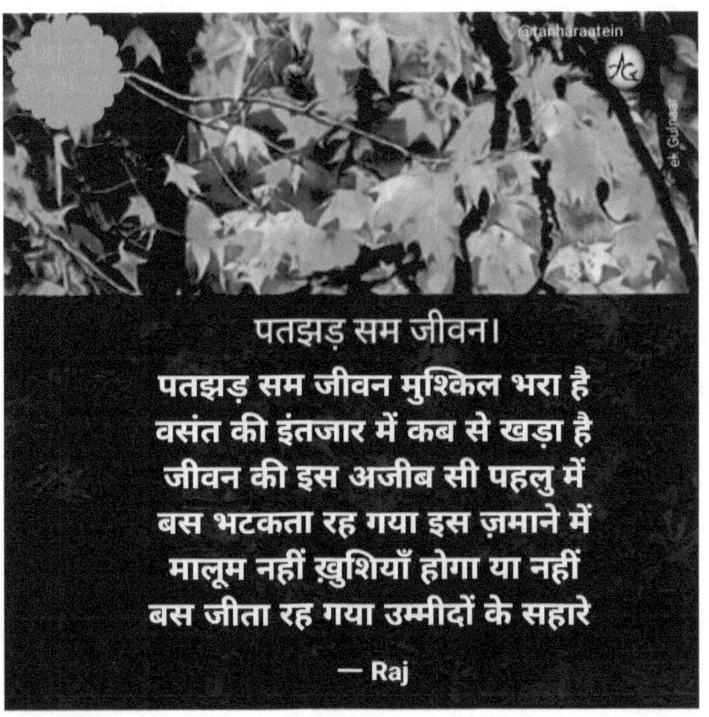

74. रोम-रोम दोहरा...

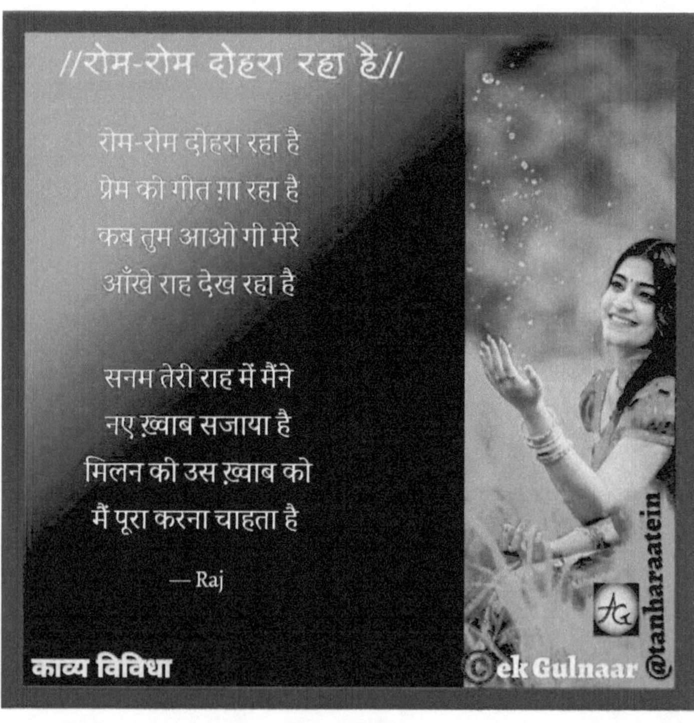

//रोम-रोम दोहरा रहा है//

रोम-रोम दोहरा रहा है
प्रेम की गीत गा रहा है
कब तुम आओ गी मेरे
आँखे राह देख रहा है

सनम तेरी राह में मैंने
नए ख़्वाब सजाया है
मिलन की उस ख़्वाब को
मैं पूरा करना चाहता है

— Raj

काव्य विविधा

©ek Gulnaar @tanharaatein

75. साथ साहस चलता है

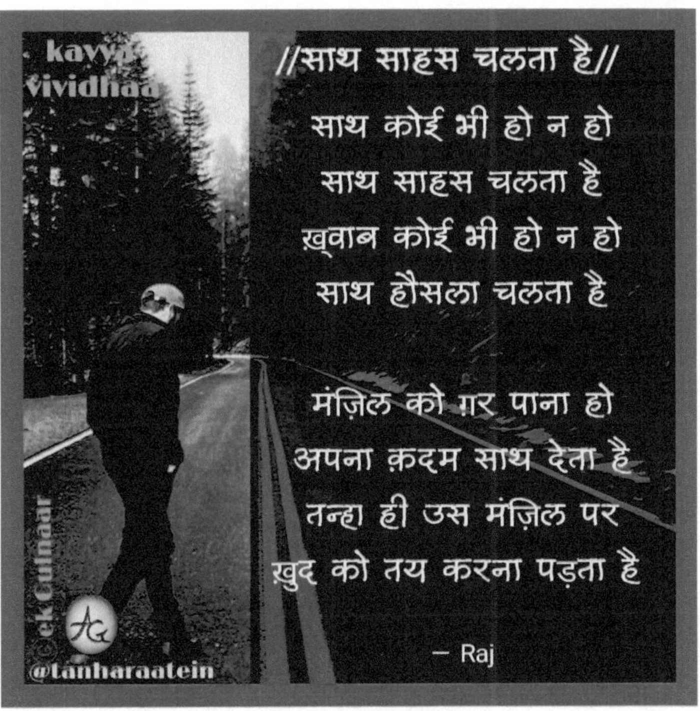

76. मुसाफ़िर

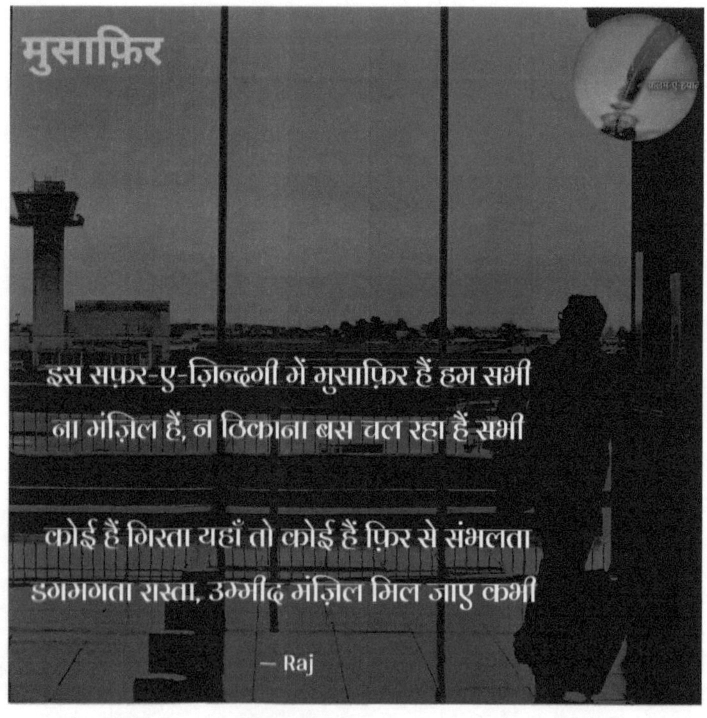

मुसाफ़िर
इस सफर-ए-ज़िन्दगी में मुसाफ़िर हैं हम सभी
ना मंज़िल हैं, न ठिकाना बस चल रहा हैं सभी

कोई हैं गिरता यहाँ तो कोई हैं फ़िर से संभलता
डगमगता रास्ता, उम्मीद मंज़िल मिल जाए कभी

— Raj

77. दो बोल

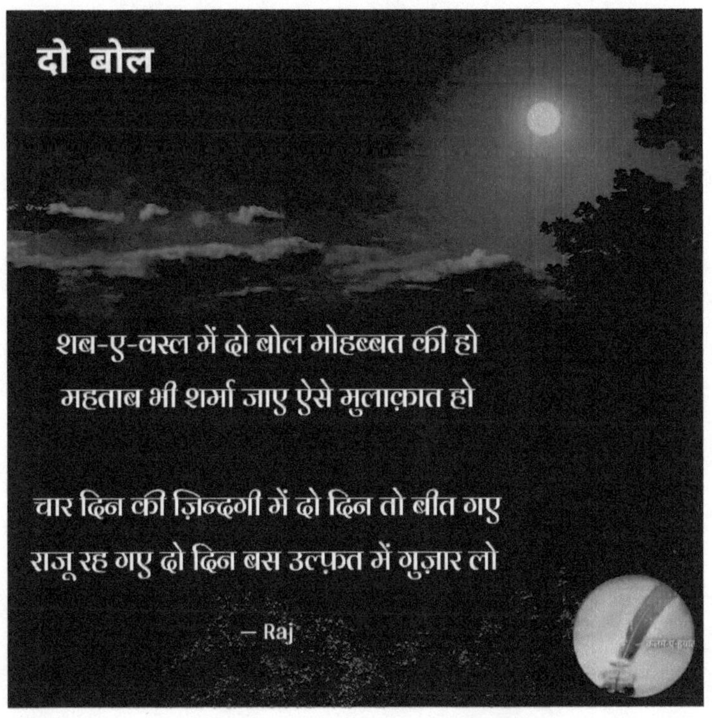

दो बोल

शब-ए-वस्ल में दो बोल मोहब्बत की हो
महताब भी शर्मा जाए ऐसे मुलाक़ात हो

चार दिन की ज़िन्दगी में दो दिन तो बीत गए
राजू रह गए दो दिन बस उल्फ़त में गुज़ार लो

— Raj

78. गुरु पूर्णिमा

गुरु पूर्णिमा
शिक्षा और ज्ञान गुरु का देन है
जिससे बना मेरा ये जीवन है
पुष्प अर्पित करता हूँ गुरुचरणों में
मुझपर आपका सदैव कृपा रहें

गुरु पूर्णिमा के इस पावन पर्व पर मैं
याद करता रहता हूँ वो समय मैं
जब गुरु की शिक्षा और दीक्षा से
प्राप्त किया संसार का सारा ज्ञान मैं

— Raj

79. हिन्दी हूँ मैं

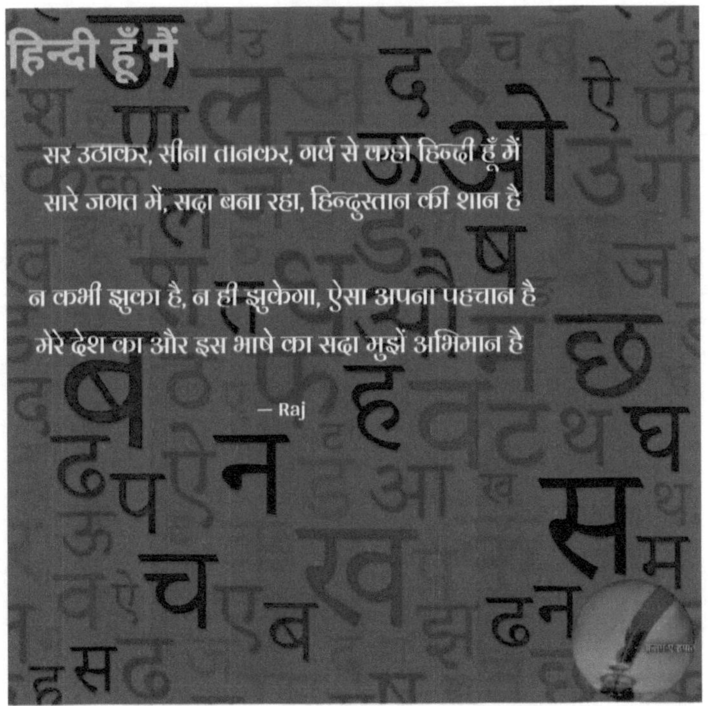

हिन्दी हूँ मैं
सर उठाकर, सीना तानकर, गर्व से कहो हिन्दी हूँ मैं
सारे जगत में, सदा बना रहा, हिन्दुस्तान की शान है
न कभी झुका है, न ही झुकेगा, ऐसा अपना पहचान है
मेरे देश का और इस भाषे का सदा मुझे अभिमान है
— Raj

80. फ़साने रात के

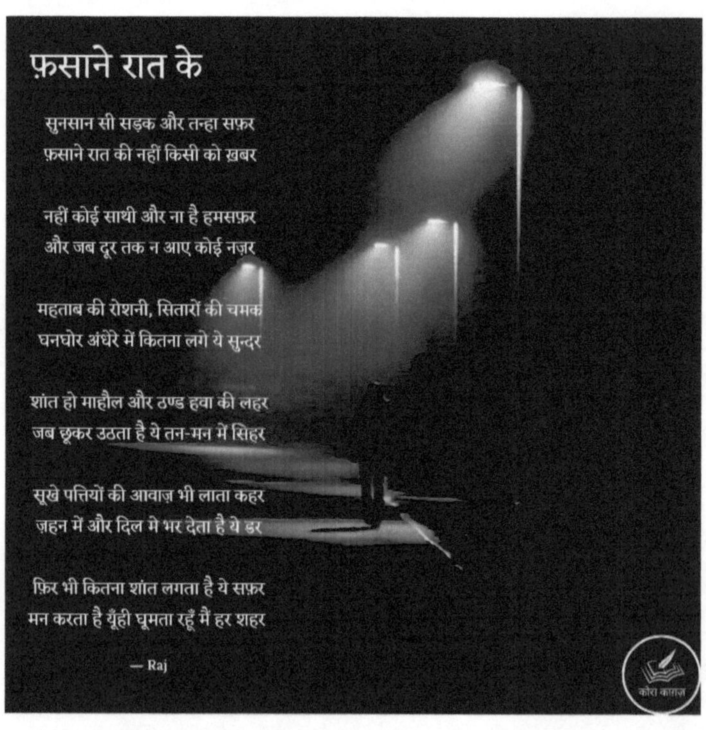

फ़साने रात के

सुनसान सी सड़क और तन्हा सफ़र
फ़साने रात की नहीं किसी को ख़बर

नहीं कोई साथी और ना है हमसफ़र
और जब दूर तक न आए कोई नज़र

महताब की रोशनी, सितारों की चमक
घनघोर अंधेरे में कितना लगे ये सुन्दर

शांत हो माहौल और ठण्ड हवा की लहर
जब छूकर उठता है ये तन-मन में सिहर

सूखे पत्तियों की आवाज़ भी लाता कहर
ज़हन में और दिल मे भर देता है ये डर

फिर भी कितना शांत लगता है ये सफ़र
मन करता है यूँही घूमता रहूँ मैं हर शहर

— Raj

81. उल्फ़त-ए-दिल

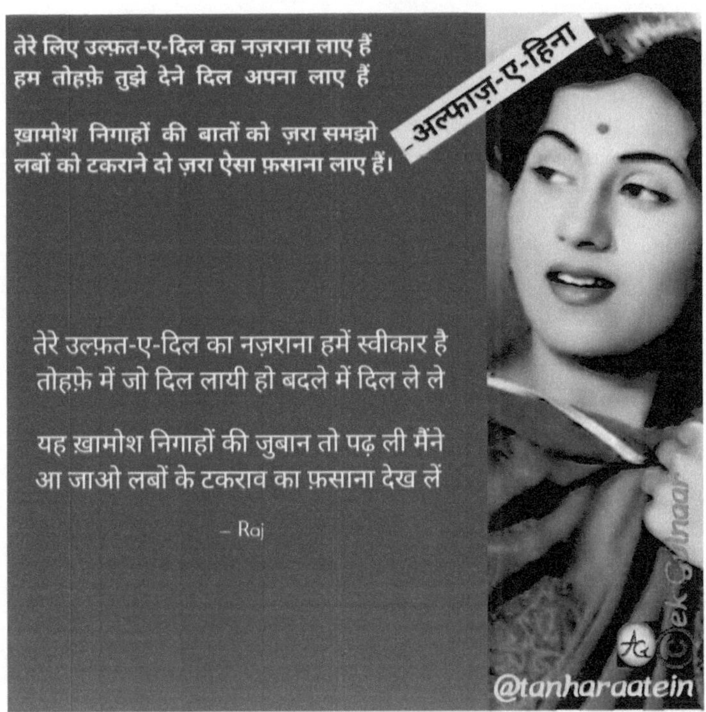

तेरे लिए उल्फ़त-ए-दिल का नज़राना लाए हैं
हम तोहफ़े तुझे देने दिल अपना लाए हैं

ख़ामोश निगाहों की बातों को ज़रा समझो
लबों को टकराने दो ज़रा ऐसा फ़साना लाए हैं।

-अल्फ़ाज़-ए-हिना

तेरे उल्फ़त-ए-दिल का नज़राना हमें स्वीकार है
तोहफ़े में जो दिल लायी हो बदले में दिल ले ले

यह ख़ामोश निगाहों की जुबान तो पढ़ ली मैंने
आ जाओ लबों के टकराव का फ़साना देख लें

– Raj

@tanharaatein

82. आश्ना

आश्रा
तेरी मोहब्बत-ए-दिल से आश्रा थे हम
छुपे हुए जफ़ा से पर आनजान थे हम

चाहत बहुत था इस दिल में मेरे सनम
क्या करें पर तेरी रवैये से परेशान थे हम
— Raj

83. तकरार

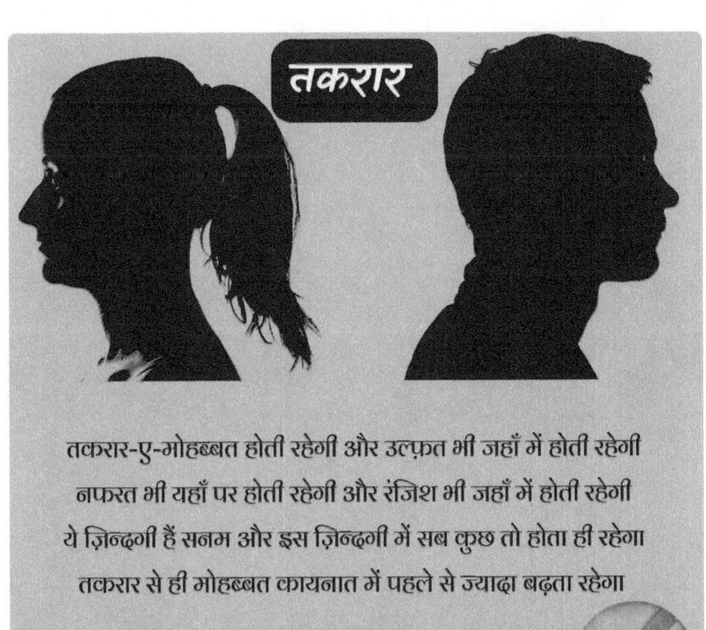

तकरार-ए-मोहब्बत होती रहेगी और उल्फ़त भी जहाँ में होती रहेगी

नफरत भी यहाँ पर होती रहेगी और रंजिश भी जहाँ में होती रहेगी

ये ज़िन्दगी हैं सनम और इस ज़िन्दगी में सब कुछ तो होता ही रहेगा

तकरार से ही मोहब्बत कायनात में पहले से ज्यादा बढ़ता रहेगा

— Raj

84. तन्हाई का आलम

चित्र प्रतियोगिता - 207
तन्हाई की इस आलम में रंग है कहीं हज़ार
बस देखता रह गया मैं मिल जाए राहगुज़ार

इंतज़ार करते हुए अब थक गया हूँ मैं यहाँ
कहीं नज़र नहीं आया मगर मुझें वो बहार

— Raj

85. जीवन बीत गया

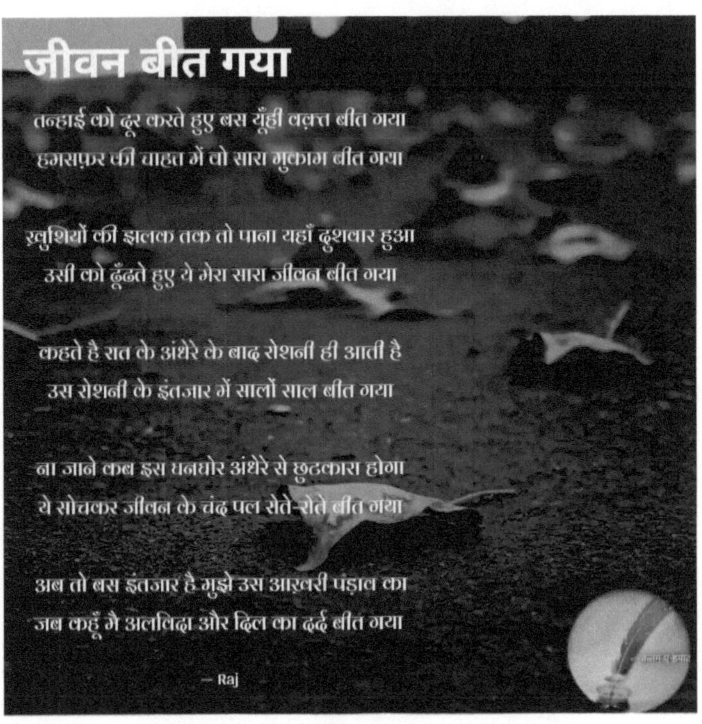

जीवन बीत गया

तन्हाई को दूर करते हुए बस यूँही वक़्त बीत गया
हमसफ़र की चाहत में वो सारा मुकाम बीत गया

ख़ुशियों की झलक तक तो पाना यहाँ दुश्वार हुआ
उसी को ढूँढते हुए ये मेरा सारा जीवन बीत गया

कहते है रात के अंधेरे के बाद रोशनी ही आती है
उस रोशनी के इंतजार में सालों साल बीत गया

ना जाने कब इस घनघोर अंधेरे से छुटकारा होगा
ये सोचकर जीवन के चंद पल रोते-रोते बीत गया

अब तो बस इंतजार है मुझे उस आख़री पड़ाव का
जब कहूँ गै अलविदा और दिल का दर्द बीत गया

— Raj

86. तुलु-ए-सेहर

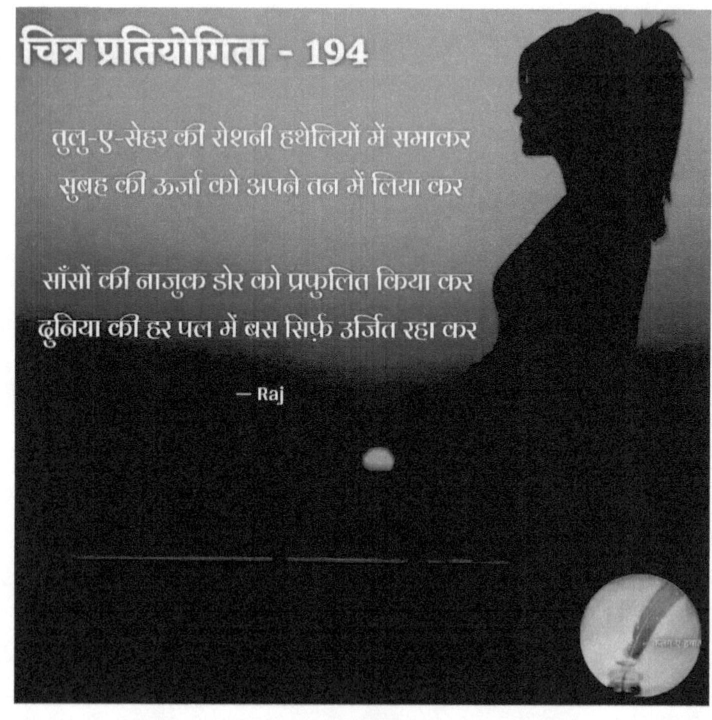

चित्र प्रतियोगिता - 194

तुलु-ए-सेहर की रोशनी हथेलियों में समाकर
सुबह की ऊर्जा को अपने तन में लिया कर

साँसों की नाजुक डोर को प्रफुल्लित किया कर
दुनिया की हर पल में बस सिर्फ़ उर्जित रहा कर

— Raj

87. कुंज-कुंज कोयल बोली

88. साँझ ढले आना

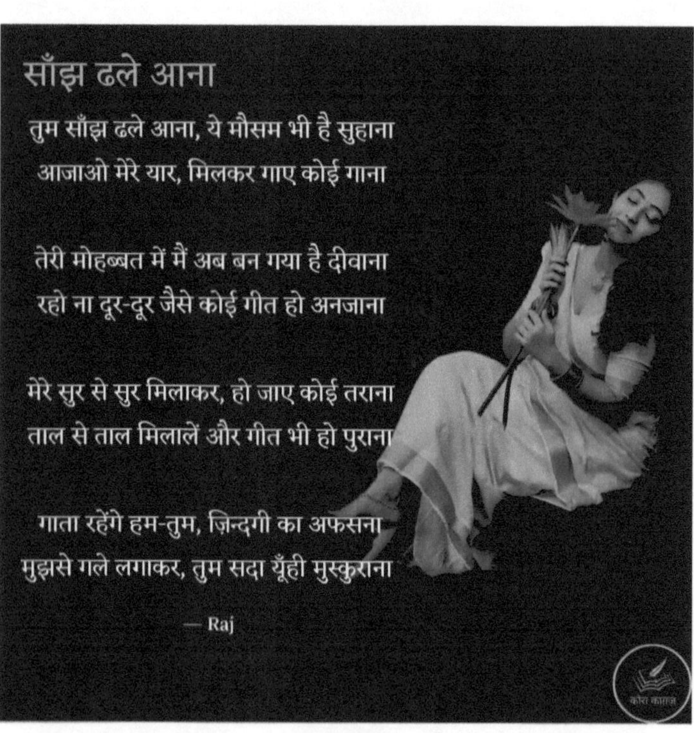

साँझ ढले आना

तुम साँझ ढले आना, ये मौसम भी है सुहाना
आजाओ मेरे यार, मिलकर गाएे कोई गाना

तेरी मोहब्बत में मैं अब बन गया है दीवाना
रहो ना दूर-दूर जैसे कोई गीत हो अनजाना

मेरे सुर से सुर मिलाकर, हो जाए कोई तराना
ताल से ताल मिलालें और गीत भी हो पुराना

गाता रहेंगे हम-तुम, ज़िन्दगी का अफसना
मुझसे गले लगाकर, तुम सदा यूँही मुस्कुराना

— Raj

89. मर्यादा

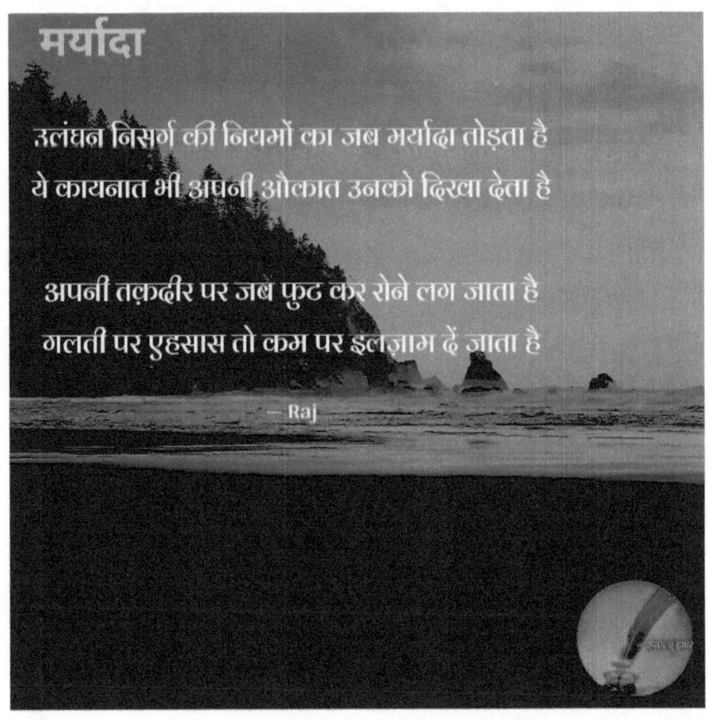

मर्यादा
उलंघन निसर्ग की नियमों का जब मर्यादा तोड़ता है
ये कायनात भी अपनी औकात उनको दिखा देता है

अपनी तक़दीर पर जब फूट कर रोने लग जाता है
गलती पर एहसास तो कम पर इलज़ाम दें जाता है
— Raj

90. उस मोड़ पर

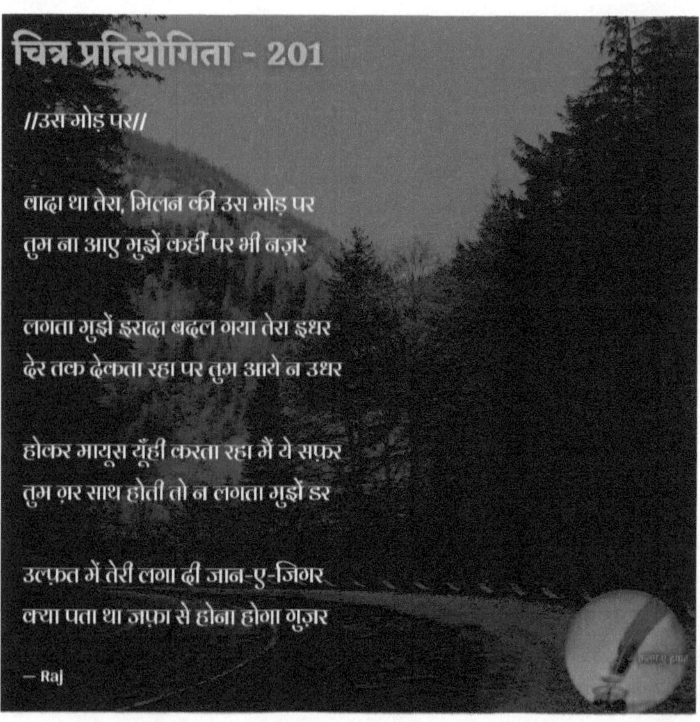

चित्र प्रतियोगिता - 201

//उस मोड़ पर//

वादा था तेरा, मिलन की उस मोड़ पर
तुम ना आए मुझे कहीं पर भी नज़र

लगता मुझे इरादा बदल गया तेरा इधर
देर तक देकता रहा पर तुम आये न उधर

होकर मायूस यूँही करता रहा मैं ये सफ़र
तुम ग़र साथ होती तो न लगता मुझे डर

उल्फ़त में तेरी लगा दी जान-ए-जिगर
क्या पता था जफ़ा से होना होगा गुज़र

— Raj

91. अर्बाब-ए-फ़न

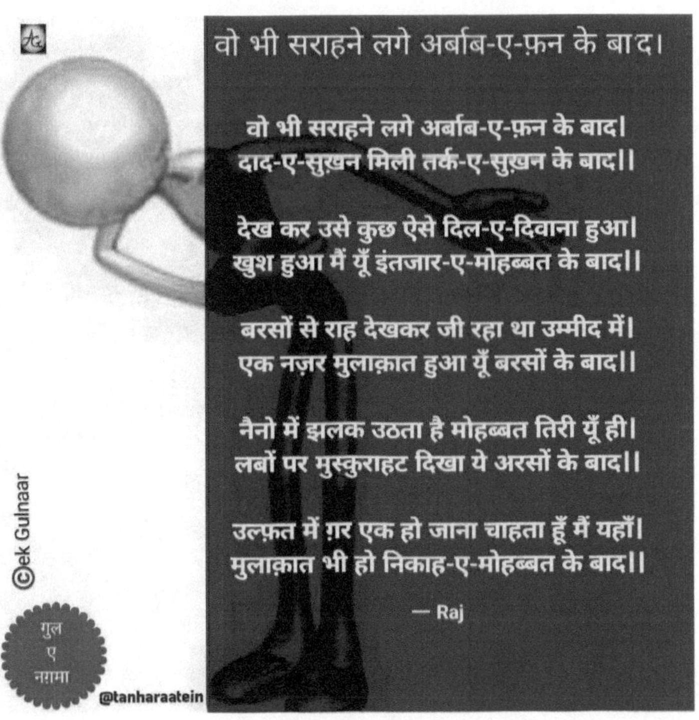

वो भी सराहने लगे अर्बाब-ए-फ़न के बाद।

वो भी सराहने लगे अर्बाब-ए-फ़न के बाद।
दाद-ए-सुख़न मिली तर्क-ए-सुख़न के बाद।।

देख कर उसे कुछ ऐसे दिल-ए-दिवाना हुआ।
खुश हुआ मैं यूँ इंतजार-ए-मोहब्बत के बाद।।

बरसों से राह देखकर जी रहा था उम्मीद में।
एक नज़र मुलाक़ात हुआ यूँ बरसों के बाद।।

नैनो में झलक उठता है मोहब्बत तिरी यूँ ही।
लबों पर मुस्कुराहट दिखा ये अरसों के बाद।।

उल्फ़त में ग़र एक हो जाना चाहता हूँ मैं यहाँ।
मुलाक़ात भी हो निकाह-ए-मोहब्बत के बाद।।

— Raj

92. चिंता

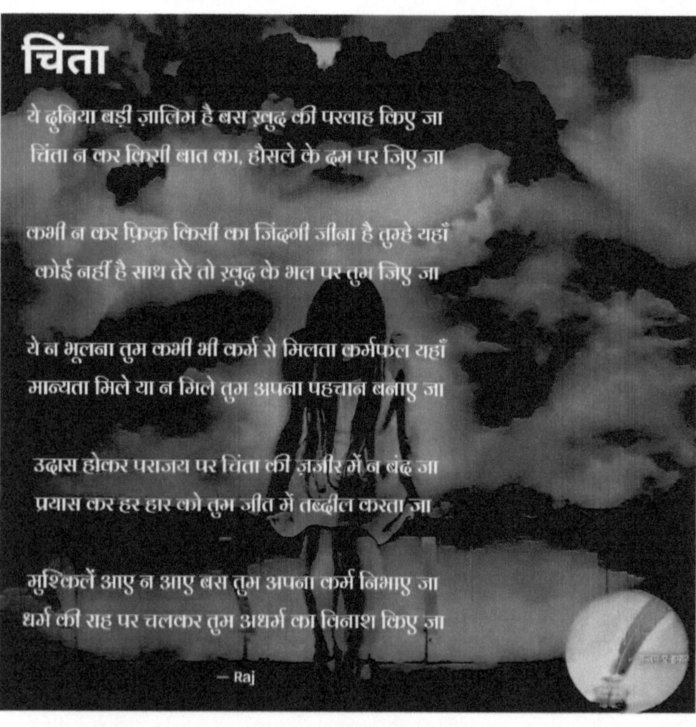

चिंता

ये दुनिया बड़ी ज़ालिम है बस खुद की परवाह किए जा
चिंता न कर किसी बात का, हौसले के दम पर जिए जा

कभी न कर फ़िक्र किसी का ज़िंदगी जीना है तुम्हे यहाँ
कोई नहीं है साथ तेरे तो खुद के भल पर तुम जिए जा

ये न भूलना तुम कभी भी कर्म से मिलता कर्मफल यहाँ
मान्यता मिले या न मिले तुम अपना पहचान बनाए जा

उदास होकर पराजय पर चिंता की ज़ंजीर में न बंध जा
प्रयास कर हर हार को तुम जीत में तब्दील करता जा

मुश्किलें आए न आए बस तुम अपना कर्म निभाए जा
धर्म की राह पर चलकर तुम अधर्म का विनाश किए जा

— Raj

93. दस्तूर

दस्तूर

यहाँ दस्तूर-ए-मोहब्बत निभाया है किसने
जब सब कुछ जायज़ है जंग में और इश्क़ में

यहाँ वफ़ा-ए-उल्फ़त भरपूर निभाया है किसने
जब बिकता है मोहब्बत हर गली और चौबारे में

—Raj

94. हज़ारों मंज़िलें हैं

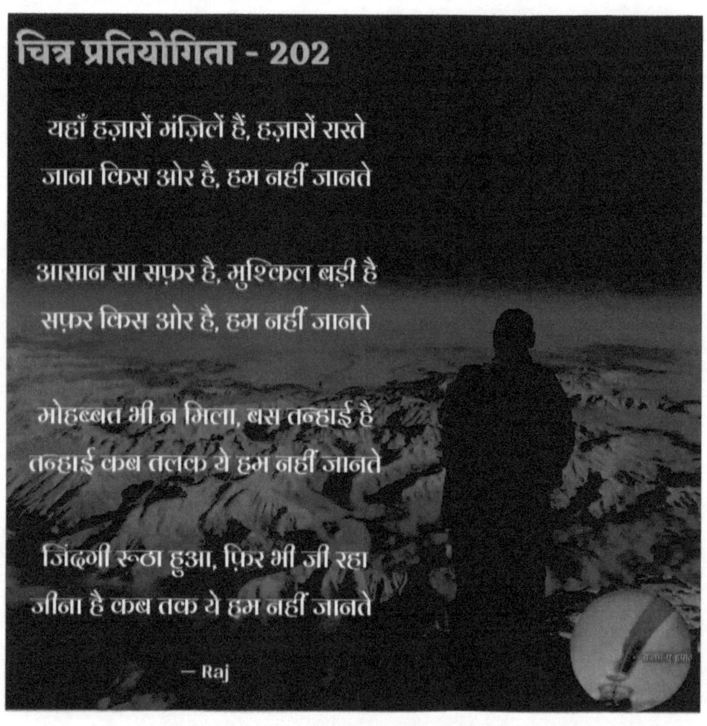

चित्र प्रतियोगिता - 202

यहाँ हज़ारों मंज़िलें हैं, हज़ारों रास्ते
जाना किस ओर है, हम नहीं जानते

आसान सा सफ़र है, मुश्किल बड़ी है
सफ़र किस ओर है, हम नहीं जानते

मोहब्बत भी न मिला, बस तन्हाई है
तन्हाई कब तलक ये हम नहीं जानते

ज़िंदगी रूठा हुआ, फिर भी जी रहा
जीना है कब तक ये हम नहीं जानते

— Raj

95. सजल आँखें तुम्हारी

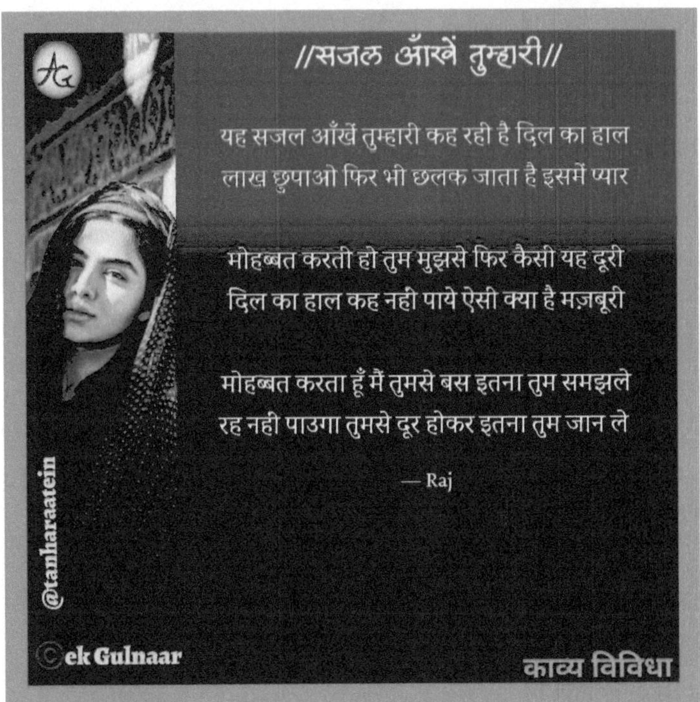

96. रुतबा

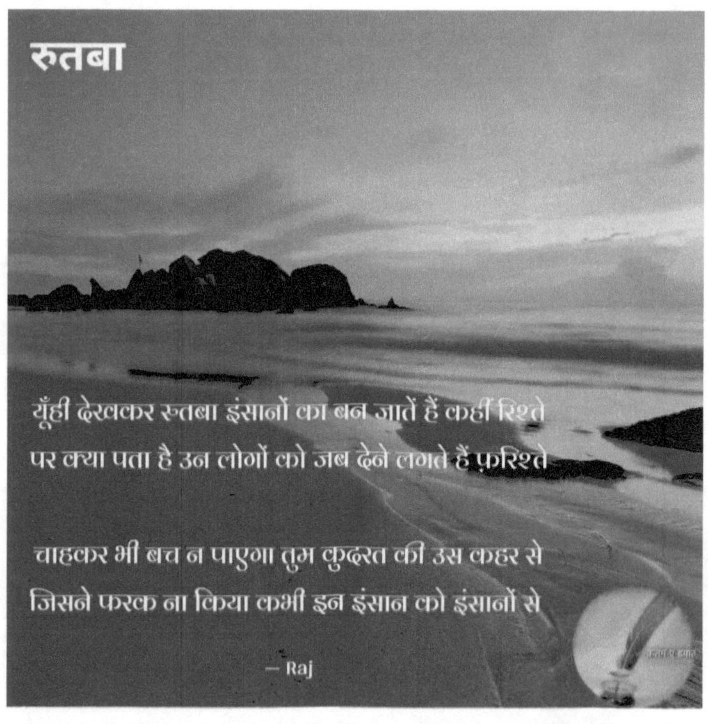

रुतबा

यूँ ही देखकर रुतबा इंसानों का बन जाते हैं कहीं रिश्ते
पर क्या पता है उन लोगों को जब देने लगते हैं फ़रिश्ते

चाहकर भी बच न पाएगा तुम कुदरत की उस कहर से
जिसने फरक ना किया कभी इन इंसान को इंसानों से

— Raj

97. हुंकार हृदय से

//उठने दे हुंकार हृदय से//

यूँ उठने दे हुंकार हृदय से तुम्हारे
मोहब्बत का कर लो इज़हार तुम्हारे

कहीं वक़्त यूँ गुजर न जाए तुम्हारे
बात कहते-कहते रह न जाए तुम्हारे

मौका ये बार-बार नहीं चले आते है
कह दो जो कहना है अब वक़्त तुम्हारे

थाम लो उसका हाथ अपने हाथों में
मिला लो आँख तुम उसके आँखों से

– Raj

काल्पनिका

@tanharaatein

98. दौड़

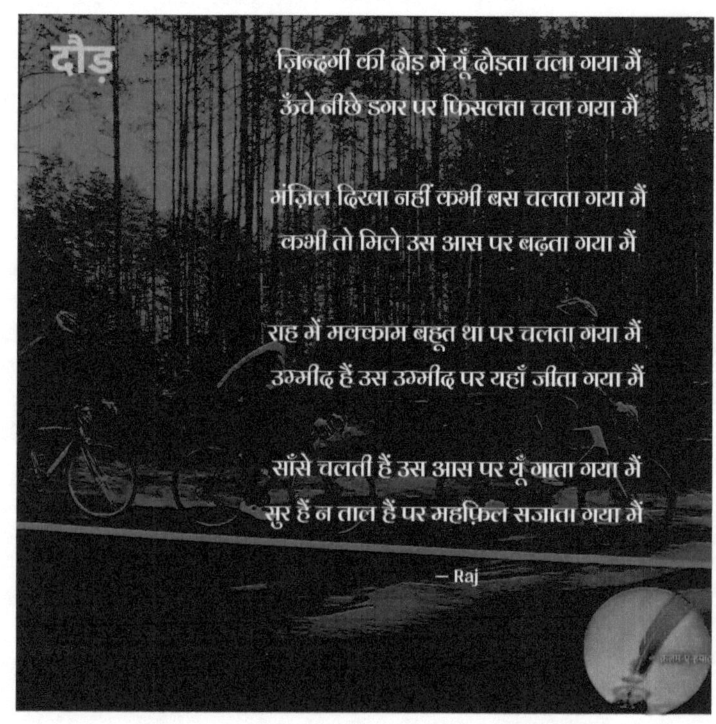

दौड़
ज़िन्दगी की दौड़ में यूँ दौड़ता चला गया मैं
ऊँचे नीचे डगर पर फिसलता चला गया मैं

मंज़िल दिखी नहीं कभी बस चलता गया मैं
कभी तो मिले उस आस पर बढ़ता गया मैं

राह में मुक़ाम बहुत था पर चलता गया मैं
उम्मीद है उस उम्मीद पर यहाँ जीता गया मैं

साँसें चलती हैं उस आस पर यूँ गाता गया मैं
सुर हैं न ताल हैं पर महफ़िल सजाता गया मैं

— Raj

99. अधूरा

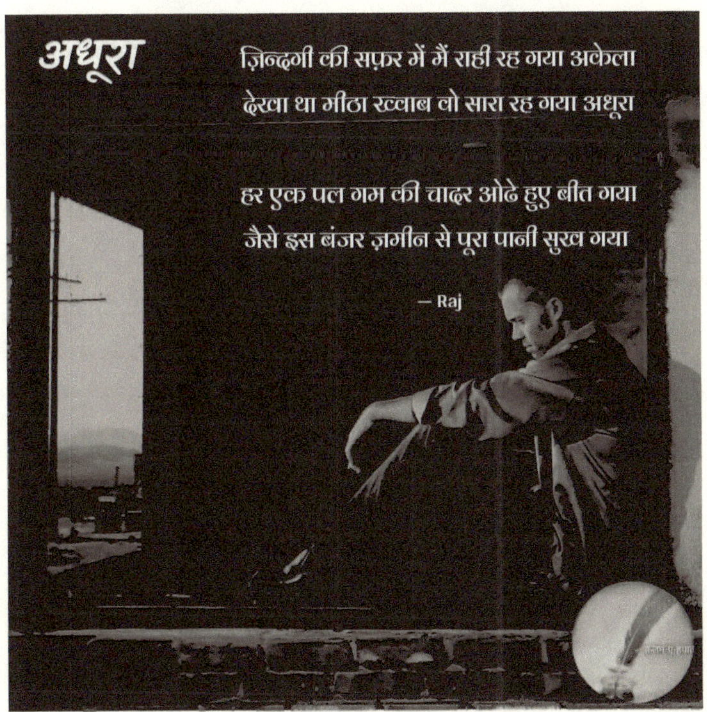

अधूरा

ज़िन्दगी की सफ़र में मैं राही रह गया अकेला
देखा था मीठा ख्वाब वो सारा रह गया अधूरा

हर एक पल गम की चादर ओढे हुए बीत गया
जैसे इस बंजर ज़मीन से पूरा पानी सूख गया

— Raj

100. मखमली एहसास

अस्वीकरण

सभी रचनाएँ कल्पना पर आधारित हैं। इसका लेखक के जीवन या ब्रह्मांड में किसी से कोई लेना-देना नहीं है। सभी लेख काल्पनिक हैं और किसी जीवित या मृत व्यक्ति से कोई समानता नहीं है। यदि कोई समानता है तो यह मात्र संयोग है।

लेखक की जीवनी

श्री के.सी. श्रीराज मेनन, जिनका जन्म केरल के एक संपन्न परिवार में 09 सितंबर 1973 को श्री कोझीपुरथ संकुन्नी मेनन और श्रीमती किज़हारा चालापुरथ सेथुलक्ष्मी मेनन के घर हुआ और महाराष्ट्र में अधिवासित हैं। वह बचपन से ही तेज-तर्रार शायरी करते थे, कहते और भूल जाते थे। एक बार उनके एक करीबी दोस्त ने इस पर गौर किया और उन्हें जो भी कविताएँ या उद्धरण कहते थे, उन्हें लिखने के लिए मजबूर किया और तब से उन्होंने लिखना शुरू कर दिया। उन्होंने अपनी कविताओं और उद्धरणों को अपने और अपने करीबी दोस्तों के पास तब तक सीमित रखा जब तक उन्हें अपने कामों को ऑनलाइन लिखने के लिए एक मंच नहीं मिला। वह Your Quote साइट पर एक सक्रिय लेखक हैं और उन्हें प्रतियोगिता के लिए कई प्रशंसापत्र और प्रमाणपत्र प्राप्त हुए हैं। वह एक बहुभाषी लेखक हैं और उनका लेखन विस्मयकारी है। चाहे वह अंग्रेजी, हिंदी, उर्दू, मलयालम और मराठी हो, वह सभी भाषाओं में उत्कृष्ट है। वह कई दिलचस्प लेखकों के लिए एक बड़ी प्रेरणा भी हैं। वह मुंबई विश्वविद्यालय से स्नातक हैं। वह एक एकाउंटेंट हैं और एक स्व-शिक्षित कंप्यूटर इंजीनियर भी हैं। उनके कौशल शीर्ष पायदान पर हैं और उनके पास कई प्रमाणपत्र हैं। अभिनय, लेखन, पेंटिंग और नृत्य और संगीत सुनना आदि... आदि उनके जुनून हैं।

Mail Id.: shreeraj_m@yahoo.co.uk